曽我量深の「宿業と本願」

―宿業は本能なり―

小林光麿
Kobayashi Mitsumaro

方丈堂出版／Octave

曽我量深の「宿業と本願」——宿業は本能なり——＊目次

曽我量深の「宿業と本願」

——宿業は本能なり——

はじめに

曽我量深は、『歎異抄』の信心は善導大師の「二種深信」である、と教える。とくにその二種深信の「機の深信」の内容は「宿業の自覚」であるが故に、「宿業の自覚」が『歎異抄』の眼目である、と教える。したがって『歎異抄』は、「ただ信心を要《よう》とすと知るべし」（第一章）といわれるように、『歎異抄』を了解するうえには、どうしても善導大師の「二種深信」と、とくに「機の深信」の内容である「宿業の自覚」が要《かなめ》となる、といわなければならない。

しかし「二種深信」といい、「宿業」といわれる言葉は、多少とも宗学に親しんできた者にとっては、よく聞く言葉でありながら、容易に了解できない言葉でなかろうか。という私自身においても、「二種深信」の「機の深信」、およびその内容である「宿業」という言葉は、多少とも仏教に親しむようになってから闇いイメージがつきまとって離れなかった。「宿業」といえば「運命」とは違うと知りながらも、どう違うのかわからずに、宿業とは「宿世からの業」と書くように、文字どおり宿世からの運命的なひびきがあって、容易に了解できなかったのであった。

しかし冒頭に記したように、『歎異抄』を了解するには、『歎異抄』の眼目である「二種深信」と「宿業」については、はっきりとしておかなければならないのである。この眼目がはっきりしなければ、『歎異抄』は画竜点睛《がりょうてんせい》を欠くことになるのである。

＊

私事で恐縮であるが、数年前、あるところで『歎異抄』を講ずることを要請された私は、この問題に当面して大いに当惑したのを憶えている。それで一度はお断りしたが、再び要請された時、何故《なぜ》か、ふと、この機会に「二種深信」と「宿業」について明らかにしようという思いが涌いてきて、その要請を受けることになった。

その時、なぜか今を去ること三十余年も昔の昭和五十年ころ、偶然ながらもある人から笠原初二《はつじ》氏という方を紹介されたことを憶い出した。もちろん氏とは初対面であり、而もわずかな時間の会話であったが、そのとき氏は私に、「宿業と本願」の関係について尋ねられた。が、私は氏のその質問に答えられなかったことを憶《おぼ》えている。むしろ私は反対に、氏の質問から、宿業は如来の本願と関係する言葉であって、本願がなければ宿業はないし、宿業がわからなければ本願はわからないという相互関係があることを教えられた。

そのことだけはなぜか今も記憶に残っている。その時、氏は「宿業と本願」の関係を真正面から取り上げているのは曽我量深の『歎異抄聴記』（昭和十七年の安居で講述された記録）だけであるが、「宿業と本願がどう関係するのか、もう一歩先がわからない」という旨を、非常な熱意を込めて私に語りかけられた。しかしその当時、この問題は私にとってはわかるはずもなく、その時は氏の問いかけをただ聞くばかりであった。

後になって聞き及ぶところ、氏は九州大学文学部、滝沢克己教授（宗教哲学）の門下生で、大学院に籍を置いていたが、氏が『歎異抄』の「宿業」について滝沢教授に質問したところ、「宿業」については、京都の東本願寺へ行って聞く以外にないと言われた、それ故に東本願寺に来て、「同和推進本部」に在籍しながら「宿業と本願」の関係を問題にしておられた、という。

それから二、三年後、東本願寺の機関誌、『真宗』の昭和五十三年六月号から八月号まで三ヶ月間にわたって、《『歎異抄』における「業」及び「宿業」》と題して、「宿業と本願」の関係を問題提起されたことを後に知った。さらにそれから数年後、氏は四十歳前後の若さで亡くなられたことも、後になって知った。

*

氏に関する記憶はそれだけであるが、それから二十数年後、先に記したように『歎異抄』を講ずることを要請された時に、「二種深信」と「宿業」について明らかにしたいという思いが涌いてきたのであるが、その時、ふと笠原初二氏に会って「宿業と本願」の関係について質せられたことを憶い出したのであった。そして氏が、「宿業と本願」の関係を真正面から取り上げているのは曽我量深の『歎異抄聴記』のみであると言われたことを憶い出して、『歎異抄聴記』を何度か丹念に読み直したのであった。

*

『歎異抄聴記』は曽我量深が昭和十七年の安居《あんご》において『歎異抄』を講述された記録である。その時、曽我量深は六十七歳であった。その『歎異抄聴記』を何度か読み返してみれば、同書には「宿業と本願」の関係を真正面から取り上げられただけではなくて、「宿業と本願」の関係を集大成して講述されたように思われるのである。

曽我量深が「宿業」について感得されたのは昭和十七年よりももっと早く、昭和十一年にあるところ（福井市の中橋医院）で講話中に、「宿業は本能である」と感得された時に溯ることができるようである。勿論、それ以前から「宿業」について深く思索されていたから、昭和十一年に「宿業は本能である」と感得されたのであろう。そしてその後、「宿業」について思索を深められたが、それらを集大成して講述されたものが、昭和十七年の『歎異抄聴記』であったと思われる。昭和十七年の安居において、「『歎異抄』ならばいつでも話すことができます」（『曽我量深選集』第六巻「月報」）と語られた一語が、よくそのことを物語っているように思われる。

＊

ここに「宿業と本願」と題してまとめたのは、私自身の「宿業」についての了解が全くわかっておらなかったことを痛感するとともに、「宿業」を明らかにすることが、『歎異抄』のみならず、『大無量寿経』や『観無量寿経』をはじめとする浄土教全般にわたる眼目であることを、いささかなりとも教えられたからである。しかしそのことは私のみならず、これからの後学の人においても同じような忸怩《じくじ》たる思いで、あるいは曖昧なまま黙過していく人も多くおられることだろうと思って、学び得たところを発表する次第である。

最後に、遅きに失した感は逃れがたく、「今ごろになって」と失笑されるかも知れないが、何よりも根源的な問題提起をいただいた笠原初二氏に《中間報告》をしたいと思うのである。今となっては氏の答えを聞くすべもないが、長き間の不明を詫びる時、詫びるに先立って詫びる者を許しておられる氏のほほえみがしのばれてくるのである。

平成二十二年五月

小林光麿

■参考資料1

笠原初二氏の問題提起

（一）宿業より本願が第一義である。（これは本願がなければ宿業はわからないという意味です）

（二）業とはアキラメ思想や運命論のような結果論ではなくて動機論である。（「動機論」とは宿業を契機として新たに再出発する動機となる、という意味です）

（三）宿業とは自己が本願とどう関係しているかという《弥陀》との関係における問題である。信仰における問題であって社会問題ではない。（宿業は人権問題などの社会問題ではない、信仰の問題である）

（四）宿業とは二種深信の問題である。《そくばくの業をもちける身にてありけるを》という機の深信と、《本願のかたじけなさよ》という法の深信が、《親鸞一人》においてはっきり明示されている。宿業の身を知るとは《かたじけなさよ》と知らしめる本願によってである。

（五）業は本願と関係概念である。（宿業がわからなければ本願はわからないし、本願がわからなければ宿業はわからない、という意味です）

（『真宗』昭和五十三年六月～八月、真宗大谷派宗務所刊より）

■参考資料2

『教行信証』の業と『歎異抄』の業

弥陀の五劫思惟の願をよくよく案ずれば、ひとへに親鸞一人がためなりけり。さればそくばくの業をもちける身にてありけるを、たすけんとおぼしめしたちける本願のかたじけなさよ。

ここでは如来の大願業力が一切衆生に働きつづけて、ついに主体者一人《いちにん》の業に集中し尽くしているさまを、親鸞は述懐している。ここにいう業とは、先の「つくるつみの宿業」であり、遡ればブッダの業異熟《ごういじゅく》に帰着する。全宇宙に向かう如来の働きが、大願業力と主体者一人の直接交渉に、象徴され具現されているといえよう。

さて、ここで注目されるのは、親鸞における業という字の用い方である。『教行信証』では、たとえば、

「浄業の機」

「命の言は、業なり」

「正定業」

とあるように、衆生の悪業よりは、むしろ如来からの浄業の意味に用いられている場合が

多いと思われる。また和漢選述の中では、『歎異抄』を除けば、すべての文書において如来の浄業の意味で用いられている。さらには大願業力とあるように、業力の場合も、衆生ではなく如来の業力である。

しかるに『歎異抄』においては、衆生の側から、

「つくるつみの宿業にあらずといふことなし」

「さるべき業縁のもよおさば、いかなるふるまいもすべし」

「さればそくばくの業をもちける身にてありけるを……」

などと、親鸞の発言として伝えられている。

これを照合してみるに、如来の大願業力と衆生の宿業、業縁とが、同一の業という表現において示されている。（玉城康四郎「三経義疏と親鸞」『石田充之古稀記念論文――浄土教の研究』四四四～四四五頁、一九八二年）

一、二種深信——法から機を開き、機において法を摂める

解説

「宿業」とは、善導大師の機法二種深信、特に「機の深信」の内容である。したがって「宿業」を心得るには、二種深信、とくに「機の深信」を心得なければならない。そこでまずはじめに、曽我量深先生が二種深信について述べておられるところを引用して、法と機の関係を考えてみることにする。

1 〔法から機を開き、機において法を摂める〕

善導の二種深信建立《こんりゅう》の御意趣は仏願の生起本末を明かにする。機の深信、法の深信。法の深信から機の深信を開いて、その機の深信の中に法の深信を摂めた。二種深信と言っても二つ並べるものではなく、もとは法より機を開き、機の中に法を摂めた。それ故に第十

九条の所に、

聖人のつねのおほせには、弥陀の五劫思惟の願をよくよく案ずれば、ひとへに親鸞一《いち》人《にん》がためなりけり。さればそくばくの業をもちける身にてありけるを、たすけんとおぼしめしたちける本願のかたじけなさよと、御述懐さふらひしことを、いままた案ずるに、善導の、自身はこれ現に罪悪生死の凡夫、曠劫《こうごう》よりこのかた、つねにしづみつねに流転して、出離の縁あることなき身としれといふ金言《きんげん》にすこしもたがはせおはしまさず。

こゝに機の深信の文だけをお引きになり、法の深信の文は引いてない。二種深信といふが、機の深信に法の深信を摂める。法の深信がもとで、そこより機の深信を開顕するものであるが、一度法より機を開けば、機中に法あり。なるほど機の深信は法の深信のためであるといふ言葉が法然上人の御言葉の中にあるが、二種深信の開顕に於ては機の深信が眼目であるといふことを、我々は明かにしておく必要がある。

こんなことを言ふと、機の深信のみでは地獄一定といふことになつて救はれぬのではないかといふが、その機の深信は法の深信より開いた機の深信である。機の深信は法の深信が根元で、法から機を開くに就て二種深信が出来る。故に二種深信としては機の深信が主なるものである。（『歎異抄聴記』「曽我量深選集」《以下「選集」と略す》六―三九～四〇頁）

解説

ここに法と機の関係が簡潔に述べられている。この文中、とくに「二種深信は二つ並べるものではなくて、もとは法より機を開き、その機に法を摂めた」「二種深信は、法の深信がもとで、そこより機の深信を開顕するものであるが、一度法より機を開けば、機中に法あり（取意）」と述べられていることは留意すべきところであろう。「機」と「法」とは別々のものではない、相互関係において成りたつものである、と述べられているからである。

そうすれば「機」とは宿業の自覚を表す言葉であるのに対して、「法」とは本願の法を表す言葉であるとするならば、「宿業」と「本願」の関係も相互関係において成りたつといわなければならない。前の曽我量深の機法二種深信の関係をふまえて、本願と宿業の関係を考えてみれば、宿業と本願は二つ別々にあるものではなくて、本願がもとで、そこより宿業の自覚が開かれるのであるが、一度、宿業を自覚すれば、その宿業を自覚することが本願である、といえるだろう。

これが曽我量深の宿業観の基調をなすものである。このような宿業観を了解するには、それに先だって、「機」と「法」の関係を明らかにしなければならないので、まずはじめに曽我量深の「二種深信」について述べておられるところを引用したのである。詳細は

『歎異抄聴記』（『選集』六―三九～四〇頁）を参照してほしい。

＊

解説

「機の深信」とは「宿業の自覚」について深信することであるが、その「機」は本願の法より開かれた「機」、すなわち「宿業の自覚」であるが故に、宿業の「機」を自覚することは、単なる機を自覚することではない、その「機」に本願の法が摂まってあるから、宿業を自覚する「機」から本願の法が開かれてくるのである。

次に引用するのは、そのことを述べられたものである。

2 ［機の深信は宿業観。その機が本願の法を摂める］

「そのゆへは、罪悪深重、煩悩熾盛《しじょう》の衆生をたすけんがための願にてまします」（『歎異抄』第一章）。「そのゆへは」何故信心を以て肝要とするかといふと、弥陀の本願は（何故に）信心を要とすといふかとならば、罪悪深重である。ただ信心だけは一切の自力の機の計ひを捨てゝ、自力無効として専ら深く如来をたのむ信心、それに対して罪悪深重といふ。本願を深く信ずる人はやはり深く自分の罪悪を信ずる。

罪悪の深きことを信ずる。この意味を以て「罪悪深重」といふ。罪悪深重はたゞ自分の罪が深いといふのではなく、（如来の）罪悪観の深さをいふ。罪悪深重とは（如来が）罪悪を感ずる感じが深いことである。底知れぬ如来の大慈悲心の中に自分の罪悪を感ず。この罪悪は宿業であり宿悪である。罪悪を以て一時的の誤りより罪を犯したとするは罪悪深重ではない。どんなさゝやかな罪も宿業であればこの宿業を感ずるのが罪悪深重で、かうなければならぬやうに宿業にさうせしめられてゐる。これは容易ならぬことである。罪悪深重といふ言葉より来る意義はこの意味であらうと思ふ。

そして「煩悩熾盛」、煩悩は我々を悩ます。煩悩はなやみといふ字であるが、むしろ我々を悩ますもの、煩悩妄念即ち我情我執である。つまりいへば貪瞋痴の三毒の煩悩といふ。内心にあれば煩悩といふ。これを身口意三業に働かせば罪悪罪業といふ。外にあつては罪業深重、内にあつては煩悩熾盛。

熾盛は二種深信の機の深信釈を見ると、「自身」と身と使ふ字をいふ。身とは一生涯変らぬ自分である。自分の心は時々刻々に変るが、わが身は一生涯貫通して変らぬ。故に「自《みずから》が身」といふ。衆生とは即ちわが身である。我等衆生である。「罪悪深重、煩悩熾盛の衆生」。凡て（如来が）この宿業に悩まされてゐる苦悩の衆生を捨てずして、その苦悩の衆生を助ける。苦悩の衆生に南無阿弥陀仏の名号を廻向する。南無阿弥陀仏を廻向して、そして南無阿弥陀仏の主《あるじ》として、万善万行恒沙の功徳の主として、そしてそれに依つて我々の罪も障りもあつても消滅する（転換する）。それは個人としては如何なる罪をも犯して居

図1　法と機の関係

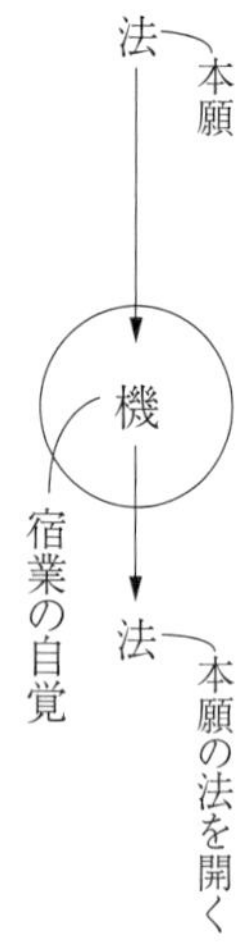

るやうであるが、併しながら凡ての罪も善悪も宿業である。善悪は宿業であると知らして頂いたところにお助けがある。この宿業観は一つのやはり歴史、我々は南無阿弥陀仏の歴史を、南無阿弥陀仏といふところの仏の本願の歴史の中に自分を見出した。それがつまり機の深信である。即ち機の深信は宿業観、宿業の自覚である。で、「罪悪深重、煩悩熾盛の衆生をたすけ」る。それを本《ほん》として、それを目当てとして発願廻向し給へる御本願にてましますのである。こゝに私がこの間から申します欲生《よくしょう》、欲生に本願の正機がある。仏が諸有の衆生を招喚し給ふ。自分が罪悪深重と自覚する。その自覚の感じが如来の招喚である。これが、「弥陀の五劫思惟の願をよくよく案ずれば、ひとへに親鸞一人がためなりけり」と忝けなくもひとへに親鸞一人がためと深く如来の御恩を感謝されるところである。それは如来の本願の歴史の中に（宿業の）自分を見出した。そしてつまりそこ（宿業の身を見出したところ）に如来の本願を開いたのだ。如来の本願はそれ（宿業の身を見出したところ）から開ける。罪悪深重の衆生を助けん為、衆生を本《ほん》として助けん為に発し給へる如来の本願である、と本願の正機を明かにする。（その）機が本願の法

を開く。こゝに二種深信、特に機の深信。

二種深信を開かぬときになれば仏の本願とか仏のおたすけは何か一つの神話のやうである。「弥陀の誓願不思議にたすけられまいらせて、往生をばとぐるなりと信じて、念仏まうさんとおもひたつこゝろのをこるとき、すなはち摂取不捨の利益にあづけしめたまふなり」とかういってみたところが、漠然として一つの神話の世界に入つたやうである。そこには現実の歴史といふものはない。無論歴史は全くない訳ではないが、それがはつきりしてゐない。然るに信心為本、如来の本願の大道の上に信心為本といふことを見出して来た時に、始めてそこに本願の正機を見出した。その本願は、「罪悪深重、煩悩熾盛の衆生をたすけんがため」の本願であることを見出した。つまり本願の門《かど》を見出す。本願は自分一人のためであることを見出す。本願の正機を見出した、こゝに確実な本願の歴史が始る。それを一念帰命といふ。その一念帰命のところに現生正定聚《しょうじょうじゅ》に至る。(『歎異抄聴記』「選集」六―九〇〜九二頁)

解説

機の深信の《機》とは、「もとは法より機を開き、機の中に法を摂めた」ところの「機」であることはすでに述べた。だからその「機」とは単なる機ではない、法が摂まっている「機」であるが故に、その「機」から本願の「法」を出《いだ》すのである。それはいいかえれば、

「宿業の自覚」とは機を自覚することであるが、それは単なる宿業の機を自覚することではない、それは本願の法より開かれた「宿業の自覚」なるが故に、その「宿業の自覚」から本願の法が開かれるのである。そのことを今の文中には、「如来の本願の歴史の中に（宿業の）自分を見出した。そしてつまりそこ（宿業の身を見出したところ）に如来の本願を開いたのだ。如来の本願はそれ（宿業の身を見出したところ）から開ける。罪悪深重の衆生を助けん為、衆生を本《ほん》として助けん為に発し給へる如来の本願である、と本願の正機を明かにする。（その）機が本願の法を開く」と言われるのである。

二、宿業と本願

解説

さて、先の引用文によって、法と機の関係、すなわち本願と宿業の関係は相互関係にあることを明らかにすることを得た。

宿業は本願との相互関係において成りたつのである。すなわち宿業は仏が衆生の業を我が業として知ろしめられた（自覚された）ことである。そして仏は我われ衆生の業は我が業である、我が責任であると引き受けて、その業を転換してくださることが本願である。

我われはその仏の本願を感ずる時、自分の業として責任を引き受ける仏さまの力を感得せしめられるのである。これが「宿業」といわれるものである、と曽我量深は教える。

1　［仏が担われた一切衆生の業を全部一人に引き受ける］

私自身からいふと、宿業はつまりたゞ自分の宿業であつて、各の立場があるやうだが、この自覚を深く掘り下ぐれば、一切衆生の業を担《にな》ふといふところに到らねばならぬ。自分だけの宿業といふのは、宿業の自覚が浅いからである。底知れぬ宿業を担ふのが（機法の二種）深信である。機法二種深信は、機法相照らすのであつて、機だけに機の深信、法だけに法の深信があるわけではない。機だけに機の深信、法だけに法の深信があるやうに見ることは、各自各自が、宿業を制限してゐるのである。仏の本願を自覚しない者には、宿業観はない。仏の本願の有難いといふことに対して、業の深きこと（宿業）を知ることになれば、結局、仏が担はれた一切衆生の業を、全部一人に引受けるといふことでなければならぬ。仏が我が責任として本願を起された、その御恩を自分一人《いちにん》が引受ける、それが衆生の宿業である。主体的に御念仏の主《あるじ》になる為には、機の深信、即ち仏の御恩を念ずるところに、自《おのずか》ら間接的に、一切衆生の宿業を我が宿業として担ふ。誰も、これが我が宿業といふものだといふことを知らぬ。宿業の深さは測り知れぬ。

大海の水（如来の大願業力）は果てしないが、一滴の水（「親鸞一人」）の内に大海の水の内容をもっているといはねばならぬ。大海の水の内容を全部尽しているといふべきである。それと同じく、一罪でも一切衆生の宿業の内容をもつてゐる。かういふことになると、機の深信を通じて法蔵菩薩の願心の深さを念じ、法蔵菩薩の願心を通じて一切衆生の苦悩を感得する、こゝへ来れば、自他（一切衆生の苦悩と親鸞一人の苦悩）の区別がなくなる。「自身ハ現ニ是レ罪悪生死ノ凡夫、曠劫ヨリ已来《このかた》、常ニ没シ常ニ流転シテ出離ノ縁有ルコトナシ」といふ時は、単なる個我（私）でなくして、そこに超個人的自覚（一切衆生の罪を担う「個人」の自覚）がある。

図2　如来我となる

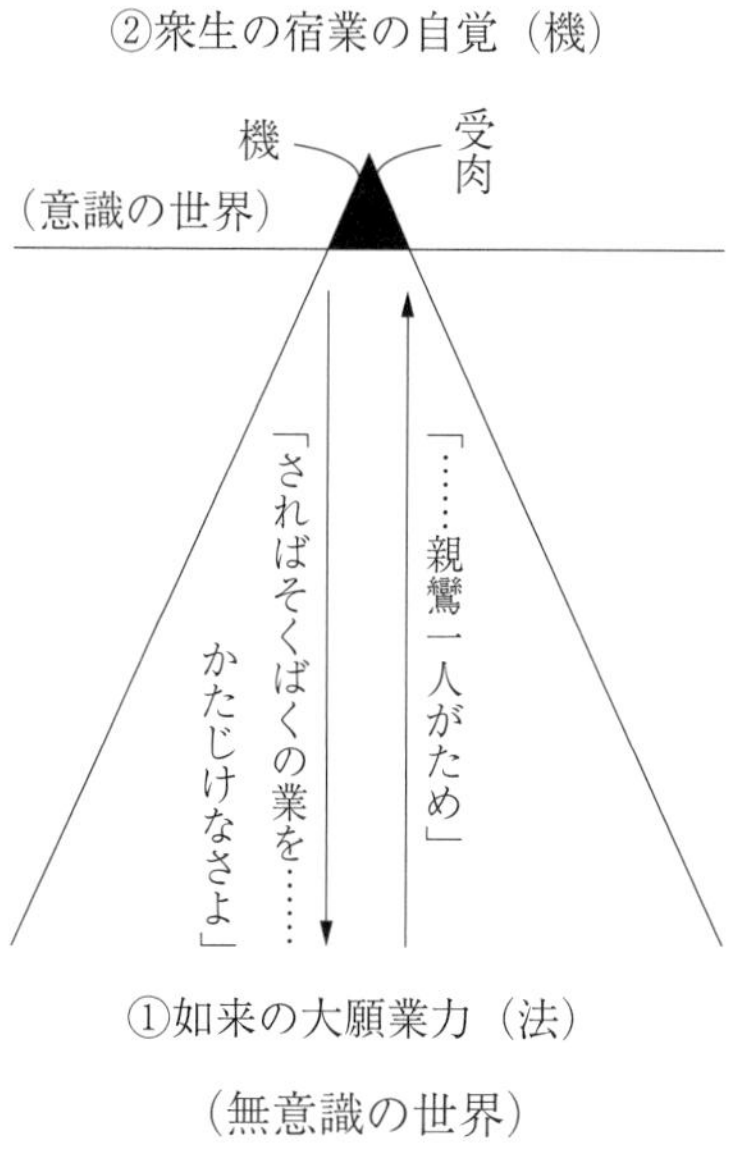

一人一人が、一切衆生の罪を、宿業を通じて一身に感得して来る。自分の個人的な罪を考へてくるなら罪に限りはあるが、さういふのでは（本願の）歴史的自我には成つて来ぬ、自分が単なる頭で考へたものである。自身（仏）は現に罪悪生死の凡夫である。寒ければ寒い。食べなければひもじい。かういふ悩みにぶつかつて、さういふ

ものに触れて、我々の宿業が人間の全身にひゞいてくる。

我々は、肉体（受肉）があるから、自他を区別して、個我（私）を主張してゐるが、然し我々に肉体が無かつたら、人（一切衆生）の悩みは分らない。肉体があるから、それを通して自分の浅間しいこと（宿業）を知り、他人の悩みも、少しは察することが出来る。我々は、肉体あるが故に色々の罪を犯すが、又、人（一切衆生）の罪を同感し、感応（自覚）することも出来る。人間の霊性は肉体と関係が無いやうに考へられてゐるが、肉体有るが故に、深い、痛ましい悲しみを通じて――それは全く如何ともすることが出来ぬ苦悩、悲痛であるが――一切衆生の各に共通の悩みを感得することが出来る。肉体あるが故に、互に相隔たつて居り、互に相隔たつて居るが故に、互に感応することが出来る。本当に、どうすることも出来ぬ肉体を持つてゐるが故に、孤独であるが、その孤独を極めたところに、不思議に孤独を超えた感応が、自分を超えたところから――自分の心は、肉体の牢獄の内に在つて、如何ともすることは出来ぬが――その肉体の牢獄の内から、自分を呼ぶ（一切衆生の罪を担ふ仏の本願を感ずる）。かういふものが、廻向の念仏ではなからうか。

その念仏を通じて、一切衆生の罪を担ふ仏の本願を感ずる。その御恩を（我われが）感ずるところに、自分一人をすら持てあます私が、不思議にも一切を担ふ力を感得させていたゞけるのではないかと思ふ。如来の思召を通じて、本願の内容となる底知れぬ衆生の罪を、自己の罪として痛むこと、それが機の深信といふものであつて、私は、法の深信が智慧であるなら、機の深信は慈悲心であると思ふ。本当の大いなる悲しみである。本当の仏の御あはれみが機の深信である。（「曽我量深講義集」《以下「講義集」と略す》一—五七～五九頁）

解説

宿業とは、「結局、仏が担《にな》はれた一切衆生の業を、全部一人《いちにん》に引受けるということでなければならぬ。仏が我が責任として本願を起された、その御恩を自分一人《いちにん》が引受ける、それが衆生の宿業である」。親鸞聖人は「その御恩を自分一人《いちにん》が引受け」たことを、「弥陀の五劫思惟の願をよくよく案ずれば、ひとえに親鸞一人《いちにん》がためなりけり。されば、そくばくの業をもちける身にてありけるを、たすけんとおぼしめしたちける本願のかたじけなさよ」と語られたのであった。

その「弥陀の五劫思惟の願」といわれる仏の本願と、「親鸞一人《いちにん》がためなりけり」という衆生の宿業の関係は、単に現在だけの関係ではない。「親鸞一人《いちにん》がためなりけり」と信受したところからふりかえってみれば、仏の本願と衆生の宿業との関係は歴史的な関係であった。

2 〔罪悪生死の凡夫は歴史的事実〕

「さればそくばくの業」（『歎異抄』「後序」）。そくばくは沢山、沢山の業、業は悪業、煩悩悪業を有《も》つてゐる身にてありけり。今日造つた業ではなく宿業である、宿業は宿業に繋《つなが》る。宿業の始めをつきつめると、まことに「弥陀五劫思惟」の時にまで遡らねばならぬ。自分といふものは宿業を知ると、ずうつと兆載永劫の昔、法蔵菩薩が選択本願を起された時にまで及んで行かねばならぬ。そくばくの業は今日に始まつたのではなく、法蔵菩薩の発願の時に始まる。その時に既に「（そくばくの業を）もちける」、けるは過去である。これは理窟や論理ではない道理といふものである。自然法爾の道理、法爾自然の道理である。ずうつと昔に於てそくばくの業を有《も》つてゐた我身《わがみ》でありける、それを御覧になつて助けんと、助けんは助けたいではない。助けたいは現在まだ起ち上らぬ、たゞ頭で考へてゐるだけである。たすけんは実践である。助けようと「おぼしめしたちける本願のかたじけなさよと」、そくばくの業をもちける身は機の深信、たすけんとおぼしめしたちたる本願は法の深信。機の深信に就て法の深信を現はしたもの、と「御述懐さふらひしことを」、いま、唯円が『歎異抄』を書いてゐる今、「いままた案ずるに」、善導大師が「自身はこれ現に罪悪生死の凡夫」、凡夫として生を享《う》けて来たものである。

「現に罪悪生死の凡夫」とは一切衆生の罪・悩を感じて――、感じてといつても個人として感じたのではなく、歴史的事実、現に罪悪生死の凡夫は歴史的事実、歴史的現実としてである。人の罪悪感ではなく歴史観。二種深信は個人の罪悪感ではなく大きな本願念仏の歴史観である。我々はさう考へねばならぬ、さう考へざるを得ない。どうもこれは私事のやうに長らく考へてゐたが、さうではなくこれは公のこと、本願の歴史観、大きな仏教の世界観、私は象徴的世界といふ、大きな仏教の象徴世界観に触れてそこに我々が人生の歴史を感じたのであらうと思ふ。だからこゝに「現に罪悪生死の凡夫」、これは本願の歴史を我々が身を以て書いたのである。本願の歴史を筆で以て書いてゐるのではなく、全身を以て宿業の血を以て書いてゐるのである。（中略）

二種深信を、仏の本願の念仏の歴史の中に自分を見出して、今までは断片的のものであつたが、今や機の深信、宿業の自覚、こゝに私は未だ嘗て知らなかつた仏の本願に証明されて、こゝに自分がある。

自分を証明するものは仏である。仏教学真宗学は人間が仏を証明する学でなく、人間が仏に証明される学である。教行信証の証とは我々人間が仏に証明されることである。機の深信は正しく人間が人間としての自分を仏が証明されたのである。故に人間が神仏を証明するのは他教であり、仏が人間を証明して下さるのが仏教である。これを如来本願力廻向の道といふ。

故に「自身はこれ現に罪悪生死の凡夫」といふ時に、これがそのまゝ仏の本願の歴史の中に自分を見出した、南無阿弥陀仏の歴史の中に先づ現に罪悪生死の凡夫と見出し、更に由つて来たるところの過去を知り、「（過去をふりかえりみれば）曠劫よりこのかた、つねにしづみつねに流転して、（未来をみれば）出離の縁あることなき身」、これは過去未来を現在に摂め、その現在に於て過去を知り未来を知る。如来の本願の中に自分がそれと対立してゐることを証明する、それが機の深信。これを「たすけんとおぼしめしたちける」、たゞ漠然と助けるのではなく、そくばくの業をもちける者を助けんとおぼしめしたちける五劫思惟の願のかたじけなさよ。別に自分が一切衆生を引受けた心持ではなく、又そんなことは書いてないが、冥々の裡に如来の本願に於て、如来の本願を通して一切衆生の罪と悩を一身に引受けた。廻向の信心はかういふ歴史的の大きな意味を有つ。自力の信心は個人的信心、如来廻向の信心は歴史的な信心である。（『歎異抄聴記』「選集」六―三八七～三八九頁）

3 ［本願は宿業を縁として其処に仏国が始まる］

宿業と云ふ世界は（法から）与へられた世界、すべて歴史的事実のみが与へられた世界である。生れようと思うて生れたのでなく、与へられたのである。生れることは向《むこ》ふ（法）から与へられたもの、本当の事実は歴史であつて与へられたものである。歴史は永遠に止められるものでない。個人は幻、歴史は永遠のものである。日本の歴史、日本の国は、其の本当の現実は天壌と共に窮《きわま》りないものである。(本願の)歴史の根源、其の始を斯く求めて来ると、仏の国の歴史(本願の歴史)と云ふものも亦、その根源、始を求めると宿業(を感受するところ)である。(中略)

宿業は始がないが、本願は宿業を縁として其処《そこ》に仏国が始り、仏の歴史が始ると大経に宣べたまうてあります。宿業は与へられたものであるが、同時に感受する所(機)である。与へらるる方(法)より見れば始がない、(宿業を)感ずる所に始あり。感ずる所に始るのである。

図3　宿業の歴史の始まり

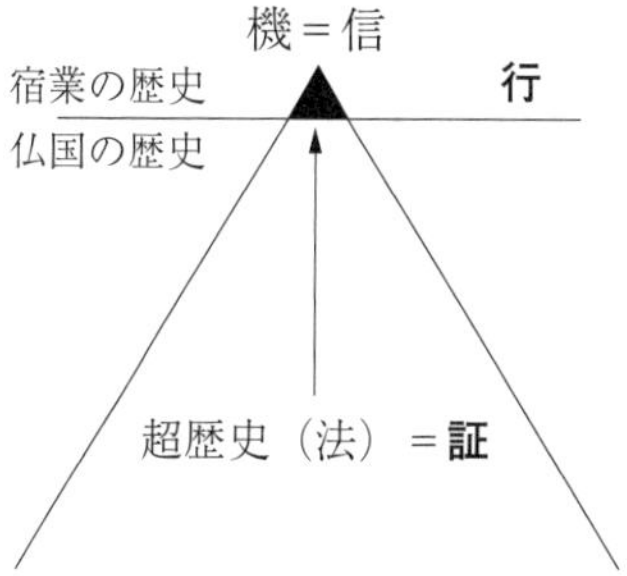

昨日もお話申した様に、月(法)は変らぬが、水に映る時に地上(機)に於て始るので、与へらるる方(法)は、即ち仏法で云へば悟りの世界、感受する世界は信、信ずる処に証《さと》りが行となるのである。行は信より始る、即ち大行は信より始る。証もとより始がない。信によつて行が始る。然し行そのものは本来証であつて始なしと言はなければならぬが、信に於て始がある。斯様な事を

明らかにされたのが『教行信証』であります。（『行信の道』三―二一頁）

解説

以下は「衆生の宿業と仏の本願」の関係をより徹底するために、断片ばかりであるが、「宿業と本願」に関して講述しておられるところをいくつか引用してみることにする。

4 ［宿業を正機として如来の本願が始まる］

業報に悩まされてゐるものを憐れまれ、それを正機としての如来の本願である。茲に如来の本願をたのみたてまつるのである。茲に如来の本願の正機、宿業を正機として、そこに（宿業において）如来の本願が始まる。自己の宿業を知らしめられたそこに本願が開け、如来の本願に帰入する。それを廻心（回向）と云ふ。これ二種深信であつて、罪悪の自覚と云ふ。（『歎異抄聴記』「選集」六―三〇〇頁）

5 ［宿業の自覚は如来の本願を開く門］

仏教は（我《が》を以って善悪をはからっていたものが）凡て与へられたるものを宿業として受取り、（計らったものが）人間の計ひの及ばぬところと素直に受取ることを教へる。そこに本当に願力自然《じねん》の如来本願の門を開く。宿業の自覚は如来本願を開く門である。宿業のない

ところには如来本願の門はない。門なきが故に如来本願は開けぬ。（『歎異抄聴記』「選集」六―三三四頁）

6　［仏さまが人間の身体を受けて、衆生の宿業をわが宿業と感得されて、それを担うてたつ。そこに本願がある］

法蔵――仏が一比丘《びく》として人間となって、人間の身を受けて――仏さまが人間の身体を受けることで、衆生の宿業というものをわが宿業と感得されて、それを担《にな》うてたつ、そこに本願がある。（『曽我量深随聞記』第二巻五九～六〇頁）

図4　三性

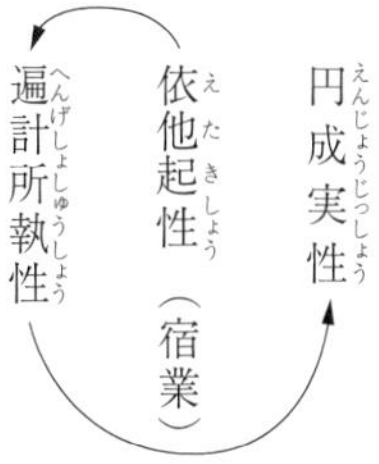

7　［宿業は依他縁生の法である］

宿業といふもの、これは我々の妄念妄想に依り、顛倒《てんとう》の見（遍計所執性《へんげしょしゅうしょう》）に依りて、我々が行動をとつてゆく、そこに宿業の世界を感ずるのであるが、感ずる宿業は妄念妄想でなく、これはやはり依他縁生《えたえんしょう》の法（依他起性《えたきしょう》）で、必ずしも宿業そのものは全く人間の妄念妄想の世界であると一概に否定することは出来ぬ。凡て宿業の世界は全く人間の意志を以て如何ともすることは出来ぬ。将来に向つては我々の妄念妄想と関係して来るが、既に出来上つたものはどうすることも出来ぬ。随つて宿業は人間の力でどうすることも出来ぬ、これは全く如来の知ろしめす所であつて、そこに仏の本願が開ける。故に我々は宿業を知らしめて頂く所に本願の始めがある、宿業を知ることが本願の始めを知ることである。この宿業を知らしめて頂くことは如来の廻向である、如来の廻向により初めて宿業を知らしめて頂く。人間の妄念妄想の我執顚倒の見が、何事も心にまかせて人生を創造することが出来、人生は人間の意志の自由により創造することが出来ると妄想していたもの（遍計所執性）が、それが長い間の仏の光に照らされて、この妄念妄想が漸く薄らいで（転換されて）、そこに宿善開発し、善知識に会ひ、南無阿弥陀仏の廻向により、本当に宿業を知らして頂く。宿業は人間の力の及ばぬ世界である。人間の力の及ばない世界を知らして頂き、それを縁として我々は如来本願の大智海（大円鏡智）を開顕させて頂き、それに開入せしめて頂く（円成実性）。（『歎異抄聴記』「選集」六—三〇五頁）

8 ［本願は求心力、宿業は遠心力、遠心と求心と二つであって一つ］

本願と宿業。宿業を超えて本願あり。本願が宿業というかたちになって、我々にあらわれている。だから宿業を掘り下げると、そこに本願があります。「聞其名号、信心歓喜」

とは、我々の宿業と、仏の本願とが互に照らしている。宿業は本願を照らし、本願を以て宿業を照らすと、互に二つが照らしている。宿業は本願にさからう、本願は宿業を引っぱってゆく。どこまでも本願の中におさめとろうとする。宿業は本願にはなれようとする。そのはなれようとする宿業、はなれようとするから引こうとする。はなれようとするのも、引こうとするのも一つである。

遠心力、求心力。本願は求心力、宿業は遠心力。遠心と求心と二つであって一つである。我々は仏からはなれようとする。仏は引こうとする。これが円を描いて、我々は本願のふちをぐるぐるまわる。地球が太陽のまわりをまわるように、本願にそむくことも、本願に近づこうとすることも同じであります。はなれようとするも、本来一つのものだからはなれようとする。それが一つになろうという力に違いない。本来一つのものに違いない。はじめから本来一つでは話にならぬ。そこに本願力は、仏にそむくことによって、本願力が証明される。我々は、はじめから左様しからば、とゆかぬところに歴史がある。超歴史がある。歴史の上ではそむくが、超歴史では仏に近づいてゆくのであります。一つになろうとするので、はなれる。本当は一つになろうとするから、二つになる。はなれようとして、そして本当にはなれることは出来ぬということをしらせて下さるのが、法蔵菩薩の不可思議兆載永劫の御修行の意義であります。これが信巻の三心釈に明細に書きしるし

てあるわけであります。（「講義集」七―八五頁）

解説

以上は断片ばかりであるが、「仏の本願と衆生の宿業」の関係について講述されているところを引用した。これらの講述によって「仏の本願と衆生の宿業」は相互関係にあることがわかる。すなわち本願がなければ宿業は人間の運命論と堕し、また宿業を感得することがなければ本願は空虚なものとなる。このように「本願と宿業」は互いに所依処《しょえしょ》となるのである。所依処とは、これがなければあれが成りたたず、あれがなければこれが成りたたないことで、あれとこれが相互関係にあることをいう。本願と宿業は所依処の関係である。

よって我われは仏が知ろしめられた（自覚された）衆生の「宿業」を縁として仏の本願に接することができ、また仏は「宿業」を縁として衆生に接することができるのである。それ故に「宿業」は仏と衆生が相《あい》接する唯一の縁となるのである。

9 〔宿業を縁として歴史的現実が現行し、生起する〕

縁起とは本来仏教の言葉であつて、縁起と云ふことは仏法では大切な言葉である。宿業も縁起も共に同じものでありませう。宿業を縁として、局《つま》り宿業の因縁によつて今日の歴史的事実が起つてゐる。社会なり、或は国家なりの歴史的事情によつて起るものである。何か或る縁によつて歴史的現実が生起《しょうき》するものである。縁と云ふことは結句、具体的には宿業である。宿業を縁として歴史的現実が現行し、生起する。宿業は（仏法の）歴史の始である。宿業を縁として仏法の歴史が始る。又宿業を縁として仏が現はれる。仏が現はれることが吾々の救ひである。仏が現はれると云ふことと、仏に救はれると云ふことは二つでない。仏が現はれて、それから救はれるのではない。仏に救はれる者のみ仏を感ずるのである。其処《そこ》に仏の国が始る、仏の国の歴史が現行生起《げんぎょうしょうき》するのである。始るとは一度に非ず、連続して常に始る。始つた限りは、其次々々と連続することは大経に、「次に如来ましましき。名をば光遠《こうおん》と曰う。次をば月光《がっこう》と名づく。次をば栴檀香《せんだんこう》と名づく……」等とある如く始るのである。（『行信の道』三―一九頁）

10 ［法蔵菩薩と我われとは、その本は同一の宿業］

親鸞聖人の宿業ということは阿弥陀如来の因位法蔵のご本願である。願というものと私どもの宿業とは深い関係をもっている。つまりもうせば、法蔵菩薩とわれわれとは、その本《もと》は同一の宿業をもつものである。（『曽我量深随聞記』第四巻一二三頁）

11 [共同宿業]

衆生迷へば我（如来）も迷ひ、衆生往生あつて我（如来）は往生するなり、そのやうなことは共同宿業を通じて初めて宿業そのものが明らかになる。（宿業を）人間の範囲のところで説いてある。（「講義集」三—一二〇頁）

12 [宿業を通じて仏と衆生は感応道交する]

凡て仏の本願は宿業を機としてある。宿業（の自覚）の内に我等は如来に会ひ、また宿業（の自覚）を通して仏は衆生に来る。宿業の内に於て如来と衆生がある。宿業を通して仏と衆生は感応道交する。これが他の宗教と違ふ所である。他の宗教は人間の理性により神を知り、神は理性により人間に来る。然るに我等伝統の道にあつては宿業本能を通して神に会ひ、仏に遭ふ。（『歎異抄聴記』「選集」六—一二九七頁）

13 [我らは宿業を通して仏を念じ、仏は宿業を通して我らを招喚し給ふ]

我々の本能は感応道交するといふことである。本能は互に相ひ受用する。個人々々は理智に於ては格別で、強者が弱者を征服するのは理智によるからである。我々は理智を深く掘り下げて本能を見出して来れば、天地（仏と衆生）万物は一体である。天地万物は感応道交するものであることを知ることが出来る。現代人は理性で神を知るといふが、我々は宿業本能を通して神に接し仏に接する。宿業本能を通して仏を感じ神を感ずる。

本当に我々は宿業を通してのみ仏を知る。又、仏は衆生の宿業を通して我等を見出して下さる。我等は宿業を通して仏を念じ、仏は宿業を通して我等を招喚し給ふ。仏と衆生との関係は理智の関係ではなく、宿業の関係、本能の関係である。（『歎異抄聴記』「選集」六―九四頁）

14〔如来は衆生の宿業に動かされて本願を生起し給ひ、衆生は如来の本願に動かされ自己の宿業を超越せしめられる〕

浄土は衆生の為めの建立なれば、本願は如来が衆生との御約束である。如来は衆生の宿業に動かされて本願を生起し給ひ、衆生は如来の本願に動かされ自己の宿業を超越せしめられる。（「選集」四―五〇〇頁）

15〔誓願不思議によって苦悩衆生を見出したときに今更のように名号本願をそこにおこされた〕

誓願不思議といふものによつて単に光明本願のみを考へるときは法性法身である。その法性法身を全うじて方便法身が現れて来る。たゞ善悪を平等にたすけるといふのは法性法身である。いよいよ悪人を見出し、悪に苦しむものを見出し、それをたすけるにはどうするかといふところに始めて名号を見出す。そこに選択本願となり名号本願となる。それが方便法身といふものである。その名号を見出すときに始めてそこに仏は本当に衆生の宿業を感得なされる、それに対して始めて名号本願がおこつて来たのであらうと思ふ。だから単なる誓願不思議といふものになると本当の宿業は出て来ぬと思ふ。誓願不思議といつても無内容の言葉だけの誓願不思議であらうと思ふ。何かしら誓願不思議の中に漠然としてではあるが名号不思議があるであらう。そこにはつきりと出てゐないが、誓願不思議によつて苦悩の衆生を見出したときに今更のやうに名号本願をそこにおこされた（仏は苦悩の衆生を見出して本願をおこされた）。選択本願、南無阿弥陀仏の本願をおこされて、始めて仏が念仏の衆生を摂取される。衆生と仏と南無阿弥陀仏の行（宿業）の上に於て始めて互に相ひ憶念して永遠に相ひ離れない。永遠に相ひ離れないことはそこに一つの大行があつて、そこに永遠に結ばれてゐる。（『歎異抄聴記』「選集」六―二六六～二六七頁）

16 ［来生の開覚は、他力浄土の宗旨］

「来生《らいしょう》の開覚は、他力浄土の宗旨」（『歎異抄』第十五章）。こちらの方から我々の主観の方から断惑証理してゆくのでなく、与へられた宿業、南無阿弥陀仏の体《たい》に就て、全く絶対の威力を有つてゐる宿業の事実に、我々はおとなしく絶対に随順してくれば、そこに自然法爾の世界、法爾自然の境地が自《おのずか》ら開き、それに即して行くことが出来る。宿業といふ一つの契機によつて、そこに如来の本願南無阿弥陀仏の世界が開け、そこに無為自然に自ら相応して来る。それをつまり未来と名づけ、来生の開覚と云ふ。

昨日云うたやうに未来と云うたからとて本来法爾の世界を未来と名付ける。我々の我情我慢の我執によつて、我々が現在直接に当面してゐるものは宿業の世界である。その宿業を裏付けるものが未来の法性、無為自然の世界である。その未来は永遠の未来である。本来不生の未来、永遠に我等から開くことの出来ぬ世界（であるが）、我等は唯宿業に当面し、宿業の事実に当面する処に何か知らぬが感情といふか平等無分別の感情、さういふものゝ、根元となるもの、それが未来の法性、つまり無為自然の浄土といふのである。だから無為自然の浄土は、自力の真言・法華は現生に於て開覚しようと努力してゐるが、それは未来の世界に立ち還らねばならぬ。それを正しく教へて下さるのは阿弥陀仏の本願の法であると我等は頂いてゐる。我々は自力でゆくのがあたりまへで他力でゆくのは特別のやうに考へてゐるがさうではない。自力で現生に於て法性のさとりを開くといふことは大体不可能のことであつて、本来宿業の事実、宿業の自覚のところに自ら開けて来る世界であり、その世界こそ来生、未来の世界と云ふべきものである。「来生の開覚は、他力浄土の宗旨、信心決定の道」、信心決定の大道である。（『歎異抄聴記』「選集」六―二三一～二三二頁）

17 「宿業と本願」

「遇獲行信、遠慶宿縁（たまたま行信を獲ば、遠く宿縁を慶べ）」。この宿縁は或は宿因とも或は宿善ともいふのでありますが、宿善開発といふ時には、特に宿善といふ言葉を使ってあります。宿因といふ時は、大体宿善と同じやうな意味を顕してゐると思ひますが、ここには宿善とも宿因とも仰せられず、特に宿縁と仰せられてある所に、僅かの言葉違ひでありますが無理からぬ所がある。これは遠くは難思弘誓、近くは弘誓強縁の語を承けて特に宿縁と仰せられたのぢやないかと思ひます。因といへば何か自分の自力のやうに思はれます。宿善といふ時になるといふと、自他に通じて随喜するので稍寛い感がいたしますが、特に順縁に限り逆縁を遮るやうに思はれるのであります。だから縁といふ時はその内容甚だ寛くして自他順逆に通じ、更に高次的に大願業力の増上縁とか弘誓の強縁とか、久遠劫よりの如来の本願・光明のお育てにより、本願の業力とか、光明の神力とか、かういふ意味を顕すのには縁といふ字が甚だ適当と思はれる。（中略）

この宿縁に就きまして、それを具体化する契機として、宿業といふものがある。それが善であれ悪であれ、即ち順であれ逆であれ、一切の宿業が皆仏法の必然的なる深甚の御縁となつて来て下さる。茲に於て噫といふのは誠に絶大なる慶祝が起るのであります。

この宿縁といふ所に容易ならぬ重大なる意味を有つてゐるのであつて、茲に如来の永劫の御苦労がある。永い仏法の歴史は、全体としては清明なる光明讃仰の歴史ではあるが、しかしながらその清明なる経《たていと》に対応して、容易ならぬ多くの我等衆生の罪と悩みとの緯《よこいと》を織り込んでゐるのである。而してそれ等を超越的に一貫統理して、青色青光赤色赤光白色白光の錦を成就するものは仏の本願力であり、又兆載永劫の御修行である。かかるものが等流して仏教の歴史の本流をなしてゐる。誠に勿体ないことであります。だから「弥陀の五劫思惟の願をよくよく案ずれば、ひとへに親鸞一人がためなりけり」といふのは、有難く宿業宿縁を喜んで居られるのである。久遠の昔の五劫思惟の本願といふものは、今日の親鸞一人が為であつたと、自分一人に引受けて下さるといふことは、それが偶然の感想でなく「聖人のつねのおほせ」といふ限り、本当に助かるまじきいたづらものだといふことを五劫思惟の発願の時已に之を深く念じて、無為自然に一切衆生の罪を引受ける如来の大悲を体験するのである。同時に仏の御辛労は自分一人の為であつた、それ程に自分は仏に叛逆をしてゐたことであつた。してみれば仏法の永い御辛労の歴史といふものは、われ一人が為に御辛労下さつたといふことは、その特別の意義は、久遠劫より私は仏に敵対して

図5　経と緯

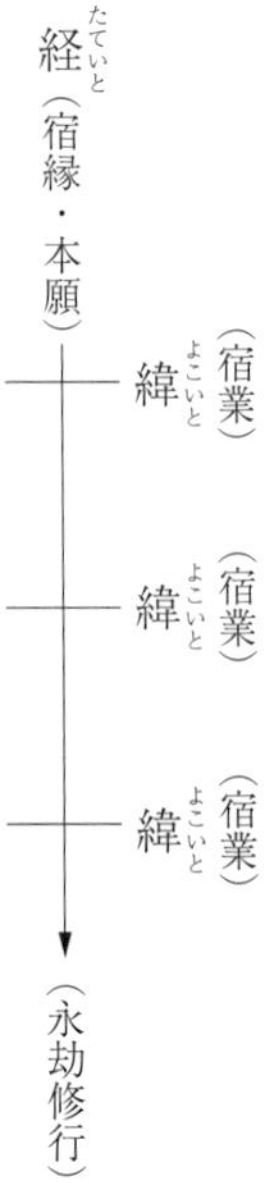

来たのであるといふ、本願に対する再認識である。誠に難思の弘誓こそは、さうせずには居れない如来の無縁の大悲、一如法界より形を現し名を示し、本願を発して下さつたのでありませう。即ち本能の一如の中から出て来たのでありませう。仏の智慧といふものは理知的なる論理ではなくして、本能の純粋感情であります。しかしながらそれを私共が戴く時になるといふと、自らそこに限りのない深い自然の道理、必然の真理といふものを具現し来るのでありませう。仏の本願の名号の中に無上甚深の功徳利益といふものがある。仏願の生起本末が自分一人の為であるといふことを感ぜずには居れぬのであります。

宿業の感覚と本願の再認識

今日、弘誓真宗の御法に遇ひ、大行・大信を戴くといふことは、容易ならぬ所の意味を有つてゐるのであつて、そこに深く仏の本願・光明の広大なる宿縁の恩徳を感ぜずにゐられぬと同時に、この宿縁といふものは偏に如来の御苦労でありませう。御縁といふ言葉の中には、唯漠然とあるといふのではないのでありまして、永い間の御苦労を想ふものは、「弥陀の五劫思惟の願をよくよく案ずれば、ひとへに親鸞一人がためなりけり、さればそくばくの業をもちける身にてありけるを、たすけんとおぼしめしたちける本願のかたじけなさよ」の常の御述懐こそ、この「遇《たまたま》行信を獲ば遠く宿縁を慶べ」一句に全く合致するのであります。

　かく正しく自己一人の為といふ観点から、新しく弥陀の本願の動機を再認識する時、始めて真実の一如開展の歴史の世界といふものが見出される。固《もと》より単純なる自我は、その現実は忽然として生れ忽然として死んで行く幻影に過ぎぬのであります。しかしながら今や、曠劫の因縁によりてこの大行・大信を戴くことによつて、従来一場の夢幻に過ぎなかつた自我の現実なる人生なるものも、始めて法爾の無窮の真実生命といふものが廻向せられるのである。仏の本願を念ずる時に、図らずも自分は、弥陀の五劫思惟の昔の自分は、已に本願の正機として内的必然の関係を以て仏と共に在つた、だからして自分は仏の御苦労の永劫の歴史の緯《よこいと》をなし、それと一緒に疑謗と反逆とを続け、永い間ずつと自分が仏の御胸を悲痛せしめ申しつつ、本願の不滅の歴史の経《たていと》に織り込まれ来つた。自分は仏を苦しめ申すこと深ければ深い程、仏の方から見れば大悲忍辱の願心を深く掘り下げて一切を引き受けて下さる。何か知らぬけれども、親鸞一人の為に「仮令身止・諸苦毒中、我行精進、忍終不悔（たとい、身をもろもろの苦毒の中に止《とど》まるとも、我が行、精進にして忍びて終に悔いじ）」と、法蔵菩薩無縁の大悲、唯わけなしにさうせずには居れない純一無二無疑の御心であります。何もどういふ当てがあつて、論理があつて、別に目的があつて、作為的に論理的に本願を創造し給ふたといふのではないのであります。如来の心業は清浄にして地・水・火・風・虚空の如く、何の分別もない一如平等の御心である（仏が衆生の宿業を感ず）。普く三世の衆生の為に、只今現在の親鸞一人が為の闇黒の親心で在ますのである。

前に述べました如く、難思弘誓といふことは、予め結果の如何や方法の如何を全く分別せず、唯さうせずには居れない大悲の願ひによつて動いて下されたのである。しかしながら唯何の訳も無しに動いて下されたのなら、唯一時的の妄想でないかと速断すべきではない。動き給ふ前に予定があつたのではないのですが、（仏さまが宿業を契機として）已に本願を発して下された以上、そこに自《おのずか》ら願力自然、即ち内面的必然の道理といふものが現れてゐるのであります。それが即ち兆載永劫の修行の内面である。

初から南無阿弥陀仏といふ道の予定の本願を発したのではない、已むに已まれぬ大悲の本願の発つた所に、南無阿弥陀仏の白道が成就されて来たのでありませう。一切の理知的計画を超えて動くのが無縁平等の大悲心であります。そこに衆生が一念阿弥陀仏（未来往生の本願）に南無（憶念即ち念仏）する時、その南無する衆生を阿弥陀仏（現在正覚の光明）は助け給ふ（光明摂取、現生正定）。これを前念命終（南無）後念即生（阿弥陀仏）といひ、念仏（南無）成仏（阿弥陀仏）自然の大道といふ。さういふ道が成就して来たといふことが兆載永劫の御修行である。本願の動く所に自然に法爾に南無阿弥陀仏といふ名号の道理が成就した（宿業を感覚す）。是れ『御文』に、「五劫思惟の本願といふも、兆載永劫の修行といふも、ただ我等一切衆生をあながちにたすけ給はんがための方便に、阿弥陀如来御辛労ありて南無阿弥陀仏といふ本願をたてましまして、まよひの衆生の一念に阿弥陀仏をたのみまひらせて、もろもろの雑行をすてて、一向一心に弥陀をたのまん衆生をたすけずんばわれ正覚ならじとちかひ給ひて、南無阿弥陀仏となりまします」と、仰せられてあるのである所以であります。

千歳の闇室か千歳の光室か——主客の転換

単なる自分自身だけを思へば、自分の理智で如何程考へてみても、結局そらごと・たわごとに過ぎないのでありますが、一切の妄念が尽きて、一度南無阿弥陀仏を念ずる時に、久遠の確実なる一道を新しく認識するのである。思へば我等はこの一道を久しい間背にして、事実叛いて今日まで来てゐる。而も夢幻の裡に叛いてゐたとしても、深く自ら悔責《かいせき》して一念発起する時に、唯一瞬間の光が千歳の闇室を照し、光は瞬間であるけれども千年の闇は忽ちに滅し、茲に主客転換して闇は一瞬時の客となり、光は千歳の光室の主となる。そこに真実の行信を獲るといふ意義が成立する。思へば自力我慢の衆生は仏の五劫思惟の本願、永劫修行の御辛労といふものをば背後にして叛いて来たけれども、不思議にも仏の御心を背に担うて来てゐる。洵に背にするといふことは担うてゐるといふことになりませう。

かくて不思議にも永い間の深き罪を知らして貰ふた。さうなると罪深ければそれだけ感恩の心も愈々深くなる。「無碍光の利益より　威徳広大の信をえて　かならず煩悩のこほりとけ　すなはち菩提のみづとなる」。「罪障功徳の体となる　こほりとみづのごとくにてこほりおほきにみづおほし　さはりおほきに徳おほし」といふことがある。それが千歳の闇室であるならば、一瞬の光が亦千年を照し、それが万年の闇室であるなら、矢張り一瞬の光が亦万年を照す。闇が久しければ久しい程、同じ一瞬の光であつてもその輝きは長遠である。

光の絶対的感情と闇の相対的感覚

元来、闇は有限相対の感覚であり、光は無限絶対の感情である。かく光の力は闇に対して本性として無限絶対なるが故に、我々の感覚に随へば、闇が浅ければそれに対応して輝きが小さいやうに見え、闇が深ければそれに対応して亦輝きも次第に大きいやうに見ゆる。光そのものは大きく見えても小さく見えても、それは闇に対応する相対の相であつて、光自体の本性は一如絶対のものである。随つて光は闇と相闘ふのでなく、闇は本来外から来つたのでも外へ去つたのでもなく、闇の当体が転じて光となつたのでありますして無明即明、煩悩即菩提と証明したのであります。苦しみが深ければ深い程、心は晴れ晴れとする。千年の闇も唯一瞬間の光に照さるれば、その時忽ちに闇はなくなる。闇のありたけが光となるが故に、一瞬の光がそのまま永遠のものである。光の本性たるやかくの如きものである。如来は光であらせらるる（また闇でもあらせらるる）といふことは、かかる意味を顕すのだといふことを、自分はしみじみと思ふのであります。（『行信の道』「選集」七―一三〇～一三七頁）

以上、法と機、本願と宿業の関係は互いに所依処（相互関係）となって感応道交する、それ故に仏は衆生の「宿業」を縁として本願を発起され、また衆生は「宿業」を縁として本願を発して我われを救いたもう仏の御意《おこころ》に触れることができるのである。まことに「宿業」を縁として、仏と衆生は感応道交するのである。

その基づくところは、曽我量深の機法二種深信観にあることは、「一、二種深信――法から機を開き、機において法を摂める」において明らかにし得たところである。すなわち、「法の深信から機の深信を開いて、その機の深信の中に法の深信を摂めた。二種深信と言っても二つ並べるものではなく、もとは法より機を開き、機の中に法を摂めた」（前掲）という二種深信観である。

曽我量深はその機法二種深信の関係を、「随順」と「超越」という言葉で述べている。すなわち本願の法は我われ衆生と同体（随順）して我われ衆生の宿業を我が業と引き受けて、そうしてその業を仏が転ずる（超越）のである。我われはその仏が随順して超越されることを通して、宿業を超越せしめられるのである。

次に引用する講述は、「随順と超越」という言葉で仏さまのはたらきを述べられたものである。

はじめに「随順」と「超越」ということについて述べられているところを引用してみよう。

三、随順と超越

本願の法は宿業を機として具体化する。それ故に宿業は我われ人間が自覚することではない、我われと同体された法蔵菩薩が自覚されたのである。我われに同体された法蔵菩薩は我われ衆生を見出して、衆生の罪と悩みは我が業であると自分一人に引き受けられて、そしてその業を転ずることによって、我われの業を転じてくださることが「宿業」である。それ故に「宿業の自覚」といい、「機」を感得することといい、それは仏さまの大慈悲心であるといわなければならない。その仏の大慈悲心を善導大師は、仏さまが「我が身は現にこれ罪悪生死の凡夫、曠劫よりこのかた常に没し常に流転して出離の縁あることなし」と感得されたのである。

我われは仏さまが衆生の全責任を引き受けて、我われの業を転じてくださるご辛労に、

「なるほど」と信順する一つが浄土真宗である。

それ故に曽我量深は、仏さまが我われの業を我が業と引き受けて、我われの業を転じてくださることを、「随順と超越」という言葉で講述している。それは本願の法は我われ衆生に「随順」して衆生と同体して、そうして衆生の宿業を転じて「超越」されるはたらきを述べられたものである。

はじめに「随順」と「超越」ということについて述べられているところを引用してみよう。

---

1 〔随順と超越〕

廻向といふことはどういふことであるか、廻向といふことはつまり表現するといふことである。昔からして廻向といふことは施すことだ、廻施することである、己を廻して他の衆生に施すことである、浄土真宗に於ける廻向とは何ぞや、つまり如来の衆生廻向である、如来が自己の功徳を他の衆生に施すことである、かういふ工合に解釈してをりますが、それは無論それに違ひないと思ふのであります。しかし私は単にさういふ工合に解釈することだけで満足しないのであつて、私は廻向といふことは表現といふことである、浄土真宗の廻向は表現廻向であると思ふのであります。

表現廻向とは何であるか、表現廻向といふのは自身の才、智慧、自分の意志、意欲といふものを以てあゝしようかうしようといふやうに考へることではないのでありまして、たゞ水が高きより低きに流れるやうに、水が流れるときにはそこに石があつても無闇にこれを突き飛ばして流れない、或は水の渓流になるときには随分石や岩を突き飛ばして流れることもあるでありませうけれども、普通の水といふものはさういふものでない、岩があれば岩を廻つて流れる、何所の川でもさうでせう、真直に流れてゐるのは一つもない、皆うねうね廻つて流れてゐる、そのうねうね曲つて流れてゐるといふことは何物にも逆らはず低い所を尋ねて、さうして何物にも邪魔されないやうに、つまり自分自身の本性といふものによつて何物をも邪魔しないで、さうしてあらゆるものに従順して流れてゆくといふのが水の本性である、さういふことが、私は廻向といふ意味ではなからうかと思ふのであります。

図6　如来の表現廻向

信が無理にかういふことをしたい、あゝいふことをしたいと考へて行くのではなしに、信自身が自分の本性に従つて自然にあらゆるものに随順してゆく、あらゆる総

べてのものに随順してゆく、それが即ちあらゆるものを超越するのであります。あらゆるものに随順して而も超越してゐるのであります。随順するが故に超越するのであります。我々は随順すれば超越出来ないと考へる、さうではなくして総べてのものに随順して、而も総べてのものを超越してゆく。総べてのものに随順するが故に総べてのものを超越してゆくところが、即ち私は本願廻向、廻向表現といふ意味ではなからうかと思ふのでありま す。外に考を現はさうとする時は岩を突き飛ばしてゆかんければならぬ、けれども信が自分自身を反省して行くところの道程といふものはさういふものではないのでありまして、あらゆるものに随順してゆく、それをそのまゝ有難く受けてゆく、有難く受けてゆくといふことがやがてそのものを超越する所以である、かういふことが廻向といふ意味ではあるまいかと私は考へるのであります。之が即ち他力廻向とか本願廻向といふ意味ではあるまいかと私は考へるのであります。之が即ち他力廻向とか本願廻向といふ意味である。つまり廻向といふことは表現するといふことである。廻といふ字はまわるといふ字でありますが、廻るといふことは一切のものに随順することであります。総べてのものに随順することは廻向の廻の字の意味であります。超越するといふことは向である。廻は随順である、向は超越である。かういふ工合に廻向の文字を解釈したいやうに自分は考へるのでありま す。（『本願の仏地』「選集」五―二六二～二六六頁）

流れる水は高きから低きに流れるように、信は衆生に随順していく。それは仏が衆生に同体されることである。そして衆生の業を我が業と引き受けて、その業を転ずることを「超越」と述べられている。

このように仏が随順し、超越することによって、衆生の行業のうえに表現されることを「回向」と教えられたのである。回向とは仏が他の衆生に施すことや、衆生が仏からいただくことではなくして、仏が衆生の行業として表現されることである。

次に「随順と超越」の関係で、仏の本願と衆生の宿業について述べられているところを引用してみよう。

解説

2 〔随順して超越してゆく道がある〕

「我が身は現にこれ罪悪生死の凡夫」。我が身は業報の身、善悪共に現にある宿業の報いたるこの六尺の身体にまかせ、業報（宿業）にまかせ随ひ随順し、謙虚な柔和忍辱の心、理窟を云はず言挙《ことあ》げしない謙虚な柔和忍辱の態度、宿業に反抗し、宿業を征服してゆかうとするのは妄見である。宿業に随順してゆく。宿業に随順してゆくのは随順してゆき得るのである。随順してゆきうる所に随順して超越してゆく道がある。宿業に対抗し宿業を征服しようとせず、結局（行き詰まったところ）宿業に頭を下げてゆく、宿業を拝んでゆく。

宿業に随順する心は宿業を礼拝する心である。厳粛な善悪の宿業、宿業は厳粛な歴史的事実である。それに対して、反抗せぬ本当に素直な謙虚な柔軟な心、その柔軟なる心が即ち超越するのである。「いたりて固きは石（自力の心）なり、いたりて軟かなるは水（五劫思惟の願）なり、水能く石を穿《うが》つ」、所謂水能く石を穿つ心である。他人より見れば何んと意気地ない人間と嘲けられ、卑しめられるかも知れぬが、それは異学異見、別解別行の惑《まど》わしである。その惑しに乗ると所謂迷信邪教に陥らざるを得ない。さういふものに迷はされないやうに、もとより自分は煩悩具足の凡夫であると、宿業の結果に対しては謙虚に柔軟に随順してゆく、宿業に随順してゆく所に何物に対しても我々は能動的に働かず受動的である（法は機受するところに具体化する）。凡《あら》ゆるものを信受し、あるが侭《まま》にそれを受取る、故に宿業に随順出来る心は即ち自然法爾の心であつて、そこに如来の本願を素直に頂くことになるのであらう。（中略）

伝統の歴史は大きな法爾自然の世界である。その大きな世界の中に、自分が善だの悪だのと云つて罪福の心を起してゐるが、これは小さい人間の傲慢な我執の妄念妄想にほかならぬといふことがひしひしと感ぜられるのである。そこに我々は大きな自然法爾、それを礼拝し、それに帰命してゆく、それがつまり仏法である。だから善きことも悪しきことも、凡て与へられた依正二報の業報にさしまかせて、我等はひとへに本願をたのむべきものである。業報そのものは依他起《えたき》である（縁によって善き心、悪い心が起こる）が、それにさしまかせ、それに随順する心、即ち本願をたのむ心である。業報にさしまかせるのが如来の招喚の声であり、それが本願をたのみたてまつる心である。業報にさしまかせて、その上もう一つ本願をたのむのではなく、業報に信頼し、これを心から拝める心、それがそのまゝ本願をたのむ心である。これこそ他力といふべきものであると仰せられるのである。

（『歎異抄聴記』「選集」六―二〇七頁）

四、宿業の自覚を深信す

解説

曽我量深はこれらの講述によって、本願と宿業の関係は相互関係である。その基づくところは、二種深信は「法の深信から機の深信を開いて、その機の深信の中に法の深信を摂めた」（前掲）という曽我量深の二種深信観にあることはいうまでもない。それ故に本願と宿業との関係も相互関係であることはいうまでもないことである。

しかしそういいながらも、すでに記したように二種深信の開顕においては「機の深信」が眼目であるといわなければならない。なぜならその「機」は、「もとは法より機を開き、機の中に法を摂めた」ところの「機」であるが故に、「機」を自覚することは、本願の法が具体化したことである、というよりも「機」を自覚することが本願そのものであるからである。曽我量深も「法から機を開くが故に、二種深信としては機の深信が主なるものである」（取意）という。それゆえに二種深信においては「機の深信」が最も「主なるもの」といわなければならない。それと同じく本願と宿業の関係においても、「宿業の自覚」が最も「主なるもの」といわなければならないのである。

そこで次に「宿業の自覚」について、より徹底するために章を改めて、「機の深信」すなわち「宿業の自覚を深信する」ことが二種深信においては最も主となることを明らかにしてゆきたいと思う。

1　〔宿業の自覚と機の深信〕

機の深信といふと何か真暗なやうな世界、何かかう非常に陰鬱な世界がそれに依て現れて来ると、一般の人は大概かう考へてゐるやうである。まあ宿業の自覚、機の深信は宿業の自覚といふわけではないが、（機の深信とは）宿業の自覚それを深信する。「わが身は現にこれ罪悪生死の凡夫、曠劫よりこのかた常に没し常に流転して出離の縁あることなし」（という機の自覚）は宿業の自覚である。その自覚に就いての深信である。深信即ち宿業の自覚であるといつてもよいが、詳しくいふと宿業の自覚についての深信である。（宿業の）自覚に随順する、深信する。自覚も深信がなければ自覚といふことにならぬ。深信によつて自覚がその意義を全うじて、自覚としての具体的内容をもつて来る。深信と宿業の自覚と互に内外相応して、それ（自覚）自身を深めて行くと私はかう思つてゐる。

私は機の深信に就いて、三十年以上も前の話であるが、私は機の深信といふのは法蔵菩薩のつまり一つの自覚である。その時分は敢て深い体験をもつてゐた訳ではなく、半分は自分の一つの論理で推して、機の深信は法蔵菩薩の自覚とこのやうに自分は考へてゐたのである。機の深信のところに法蔵菩薩の眼を開く。機の深信といふと罪悪生死の凡夫といふこと、それがどうして法蔵菩薩の眼を開くのか。法蔵菩薩といふと阿弥陀如来の因位のお姿である。こんなことをいふと全く反対の見当違ひのことをいふと思はれるが、私は学生時代に機の深信は法蔵菩薩である、機の深信に依て法蔵菩薩の眼を開くと考へて、そんなことを書いたり他人に話したりしたことを覚えてゐる。確な覚えはないが自分の古い文章に記録してある。つまり我々がこの機の深信といふことに依て、そこに法蔵菩薩を感知する。法蔵菩薩の親様の心、親様そのものを感知する感である。本当に、大体この宿業の自覚、つまり「罪悪生死の凡夫、曠劫よりこのかた常に没し常に流転して出離の縁あることなし」とは、さういふ身であると思ひ知るといふのは、私は、親様が一切衆生の罪と悩みと、それをあなた一身に荷つて、そして現れて下さつた。それが法蔵菩薩である。（中略）

「八万の法蔵をしるといふとも後世をしらざる人を愚者とす」。後世をしるは感の世界、八万の法蔵は知の世界。一文不知の尼入道にして始めて我々は本当の感覚（自覚）の世界、純粋感覚の世界、それが始めて我々にはつきりとして来る。我々はその感覚を通して純粋感情の世界を深く深く、感覚に於て感情を象徴してゐる、その象徴を通して象徴するもの、そのもの（法蔵菩薩）を深く求め、知らして頂く。それがつまり信の世界といふものである。

だから私は機の深信は法蔵菩薩を感覚する。もし法の深信といふものが果上の阿弥陀如来を感覚するものであるならば、機の深信は因位法蔵菩薩を感覚する道である。この果と因といふものは一体不二なるものであつて、果を通して因に参入し、因を通して果といふものが明かになる。今いふやうに我々（一切衆生の宿業を背負った仏）は宿業といふ世界に来ると凡ゆる人の心持がみな分る。そして凡ゆる人がみな血の繋りをもつ。だから凡ゆる人のしたことはみな自分の責任である。一切衆生の罪と悩みとを自分一身に荷ふ。それはなるほど機の深信の当面が一切衆生の罪を荷ふことでないでありませうが、（私は）併し凡ゆる罪と悩みとを荷ひ給ふ如来の因位法蔵菩薩を身に親しく感得する。法蔵菩薩は昔話ではない。自分の肉体にひしひしと法蔵菩薩を感覚する。これが宿業の自覚である。だから我々はそれは自分が法蔵菩薩であるといふのではない。たゞ自他といふものを超えて法蔵菩薩を感覚する。これが機の深信の内容たるところの宿業の自覚である。

図7　穢国の自覚

それは自分の身体といつてちやんと区別して俺の身体と私する訳ではない。私心を以て我が身体だから煮て食ふが焼いて食ふが勝手だといふが、今日に於ては我が身体だからとて勝手には出来ぬ。公のものである。我が子供だからとて親が勝手には出来ぬ。公のものであるといはれてゐる。だから我が身といふものも私する訳には行かぬ。公のものである。公のものだといふ理窟をいつてゐるのではない。公のものだと知るときに本当に私のものとなる。公のものと投げるのではない。公のものと自分がひしひしと感ずるときが、我が身体を公のものとして頂く。そこに始めて我がものとなる。始めから私のものときめるのではない。公のものと自覚することが、その尊い身体を自分が頂いたのである。つまりいへばこの身体はこれ法蔵菩薩であり、法蔵菩薩を感ずるところの器である。法蔵菩薩の感覚と同じ感覚をもつところの尊い身体である。

だから宿業の身体といふと何かいやしめること丶世間一般が思つてゐる。のみならず仏法の中に身を置く我々自身でさへさう思つて、何かすまぬやうに思ひ、何か宗門の教へとして口では弁護するが、自分の心では何かすまぬやうに思ふ。今日の仏教に対する批難の一つが宿業といふこと。

我が身を以て宿業とし、我が国を以て穢土とする。この我が身は宿業の結果であるとすることゝ、我が住むところは穢土であるとすることゝは一つの連絡をもつてゐるに違ひない。併し本当に穢土であると感ずるところに自分に責任を感ずる。それは本来はさうではなく、さうなつてゐることは自分の宿業の結果である。のみならず本当に国土を愛し国土を浄めんとして国土を穢国であると痛感するところに、その国を愛しその国を尊ぶ心が穢国といふ言葉になつて現れて来る。始めより我が国は浄土であるといふ人は国に冷淡である。この人は本当に日本の国を自分の双肩に荷つてゐる人であるかどうか。そこに問題があると思ふ。本当に厭離穢土と感ずる心が一切衆生を念じその国を念ずる純粋な心でないかと私は思ふ。だから私は宿業の自覚に於て生身《なまみ》の法蔵菩薩（肉体）を直感する。この身体四肢五体（肉体）の全体に法蔵菩薩を直感する。（『歎異抄聴記』「選集」六―一五五頁）

2 ［深信の意義］

宿業を知る方は仏様のみである。我々は宿業を知らぬが、仏の知られた宿業を深信する。一切衆生の宿業を自覚して、それを一身に荷ひ給ふ。宿業の世界に来ると誰がどうなつたかはつきり分るが、誰がどうしようが全く自分の責任である。一切衆生と血が続いてゐる。それを謙虚な大慈悲心（衆生と同体する大悲）を以て宿業を感ずる。

一切衆生を本当に痛む心、憐れむ心、愛する心、悲しむ心、平等に摂め取る心、慈悲喜捨の四無量心を以て一切衆生の宿業を自分の身体に感ずる。この身体こそは小宇宙であり、小さい大地といへる。まあこのやうに深く罪を感ずる。頭に考へるのではない。深信は深い感情であるが、仏と自分とが交流してゐる感情であるが、その中に与へられた肉体、この身体は歴史的なものである。肉体は親に依て生れたものに違ひないが、何千年、何億年の昔から伝統を以て続いてゐる。だからこの肉体に感ずる感覚は偽りないものであつて、この身体を通して弥陀の五劫思惟の願を感覚出来る。本願といふと理想といふがそんな無内容なものではなく、ひしひしとこの肉体、身体は歴史の主体、念仏を称へる主体であつて、みなこの身体に感ずるのである。弥陀の五劫思惟の願の昔から感覚して続いて来て、我々は生れ変り死に変りして来たが、その感覚は念として続いてゐる。それが伝統である。だから昔物語のやうな法蔵菩薩の四十八願をきくときに、「なるほど」と思ひ当る。思ひ当るのはこの身体がちやんと存してゐるからである。だからこの身体は我が身体であるが我が身でない。仏の身体であり、一切衆生のものである。仏のものであり一切衆生のものであるが、同時にまた本当に私のものである。私のものとして頂いてゐる。これらのことが機の深信のところに展開される。

信と念と相ひ応じて、そして深信は即ち信、宿業の自覚は念である。内なる念と外なる信とこの二つが互に相応し感応して、我々をして本当に仏の御一人《おひとり》子として、煩悩具足の凡夫こそは仏の御一人《おひとり》子である。かういふことが第三条の御物語の深い根拠となつてゐるのでないかと自分は頂いてゐる。（『歎異抄聴記』「選集」六—一六三頁）

図8　機を深信す

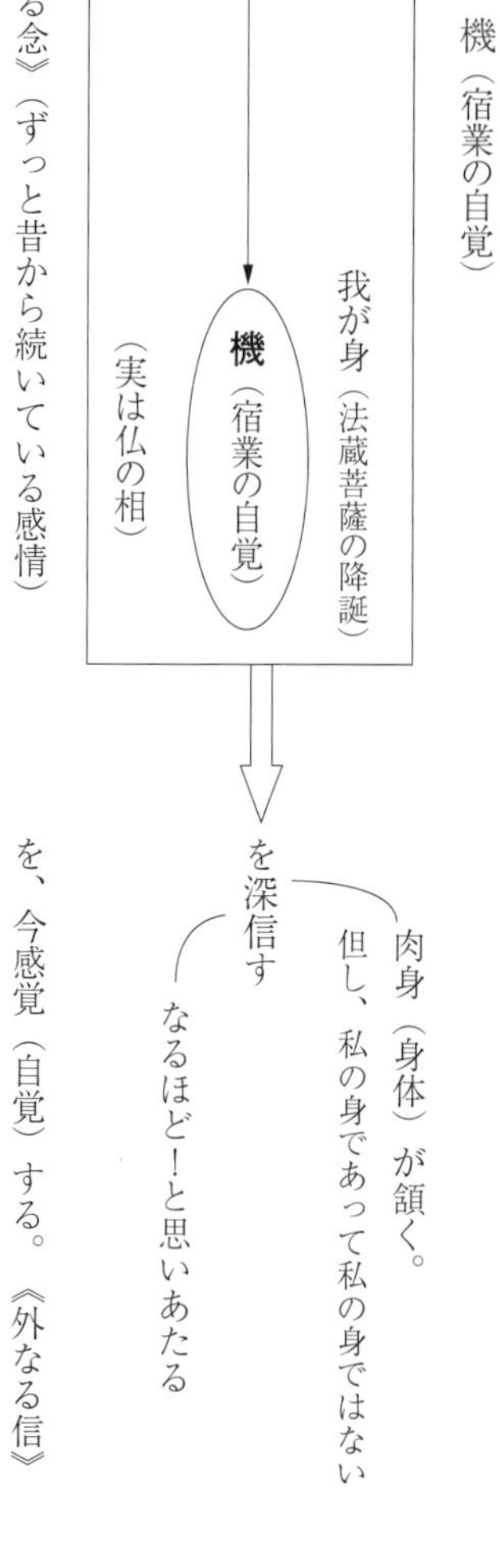

3 〔宿業は一つの大きな大慈悲心の中にあつて、而も大慈悲心を開顕する一つの門である〕

人間全体、自己全体が宿業である。宿業の主観である。だからして宿業の中に自己がある。それで人間は宿業を知らしてもらつた時は既に仏の本願中にある。大慈悲心の中にある。宿業を感じて絶望するといふも、運命論は人間の絶望である。然るに宿業はさうではない。

宿業は如来の（衆生に同体したもう）大悲のお光りに照らされて、宿業を知らして頂く。故に宿業を知らして頂くことは、宿善の開発である。だから、既に如来の大悲光明の中に宿業を感じせしめて頂いたのである。既に宿業は一つの廻心である。廻心懺悔である。だから、宿業は一つの大きな大慈悲心の中にあつて、而も（宿業は）大慈悲心を開顕する一つの門である。（『歎異抄聴記』「選集」六―七七頁）

4 〔法蔵菩薩と法蔵魂〕

我々は法蔵菩薩を昔話と聞いてお伽噺としてゐる。四肢五体（身体）に感ずるものがなければ仏法はお伽噺と同じことである。我々の四肢五体（身体）の毛穴に法蔵菩薩をひしひしと感ず、宿業を感ずる。法蔵菩薩はどんな方かといへば一切衆生の罪と悩みを自分一《いち》人《にん》に引き受けて宿業を感ずるお方である。我々は機の深信を通して生身の法蔵菩薩を感ず

る。(中略)

法蔵菩薩はどんな方か。我れこそ法蔵菩薩であるとはいはれぬ。「自身は現にこれ罪悪生死の凡夫、曠劫よりこのかた常に没し常に流転して出離の縁あることなし」と深き自覚をもつてゐる主体が法蔵菩薩であり、それが阿弥陀如来となつたのであつて、我れこそは法蔵菩薩なりと名のりあげた人は阿弥陀如来にはならぬ。法蔵菩薩は本当に責任を重んじ、一切衆生の責任を自分一人に荷ふ感覚の深い方である。一切衆生の足で蹴られ踏みにじられても腹を立てぬ方が法蔵菩薩である。不可思議兆載永劫の御修行とはこれをいふ。(中略)

浄土真宗は法蔵精神を感得するものが浄土真宗である。浄土真宗に生をうけてゐるものはみな法蔵魂を感得せねばならぬ。法蔵魂を感得する道が二種深信、機の深信である。宿業の自覚は法蔵魂を感得する道である。この法蔵魂に随順し信順(深信)する。機の深信は捨てることだといふがたゞ捨てるのではなく、そこにも亦、信順の義がある。法の深信にのみ信順の義があるのではなく、私は機の深信に於ても一層深い信順の義をもつてゐると思ふ。

だから「いはんや悪人をや」といふ悪人の自覚、即ち宿業の自覚、凡ゆる衆生の罪を荷ふ、それを悪人といふ。こゝにいふ悪人はあいつは悪人だといふ悪人ではない。我が身こそ悪人であるといふ悪人である。煩悩具足の汝等ではなく「煩悩具足のわれら」である。汝等ではなく我が身である。こゝにいふ「われ」は自覚を現す。（そこに）本当に私共は法蔵菩薩を直感し感覚する。宿業の自覚（において）、法蔵菩薩を感覚する。法蔵菩薩の心といふよりは現に生きてゐる法蔵菩薩、その法蔵菩薩は死んだ法蔵菩薩ではなく、御飯もたべ腹も立て欲も起す。

こんなことをいふと皆様は暗示するのだといふかも知れぬが、在家生活してゐる法蔵菩薩、法蔵菩薩は特別な人と思ふか知らぬが、法蔵菩薩は何処にも居られる。あすこにも、こゝにも居られる。たゞ「我れ」といふ執着をとつてしまへば世界全体至るところに法蔵菩薩はましします。我執のあるところには法蔵菩薩はましまさぬ。機の深信に依て我執をとれば目に見えるところ悉く法蔵菩薩である。それは人間のみが法蔵菩薩ではない。山河大地悉く法蔵菩薩の身体である。そこにみんな無上殊勝の願を建立し、一切衆生の罪と悩みそれを一身に荷つて厳然として黙々として立つて居られる。眼を開けば万法悉く法蔵菩薩であり、世界全体が法蔵精神の象徴である。これが仏教の世界観である。（『歎異抄聴記』「選集」六―一六〇頁）

五、宿業は本能なり

これまで曽我量深の宿業観について、「本願と宿業」は不可分の関係である、と講述されているところを中心に引用してきた。

これらの宿業観に関する講述は昭和十一年、曽我量深の六十一歳以降のものばかりである。それ以前の講述や記述には、「宿業」に関する講述は殆ど見出すことはできない。

そして「自分は昭和十一年の十一月、或る所（福井県の中橋医院）に於て何か話をして居ります間に、突然として自分に一の感じが生れて来た。《宿業とは本能なり》、かういふ叫び声を聞いたのである」（『選集』一一―七八頁）と述べているように、昭和十一年、曽我量深が六十一歳の時、「宿業は本能である」と感得したのである。その時、宿業についての「数十年の疑問といふものは一朝にして解決した」と言われる。それ以後、「宿業」

に関する考察は深まり、諸処で講述されるようになった。

曽我量深はその前年の昭和十年に還暦を迎えた。その還暦の記念講演で曽我量深は『親鸞の仏教史観』と題して、本願の仏教史観を講述している。しかし前に引用した「宿業」に関する講述からわかるように、「本願と宿業」の関係は不可分の関係である。したがって宿業観がなければ本願の仏教史観は具体的にならない、といえる。それ故に曽我量深は翌昭和十一年一月、雑誌『開神』の巻頭言に、「宿業観こそは仏教史観（本願の歴史観）の基礎であり、母胎であり、弥陀本願の正機である」（『開神』「選集」五―二一二頁）と記している。

このようにみれば曽我量深の宿業観をひもとくキーワードは「宿業は本能なり」といえる。以下はそのことに関する講述である。

1　［具体的本能は感応道交する――ということを感得したのは、昭和十五年十月］

私はすでに数十年以前から仏教教学の中に一の疑問を持ち、問題を持つてをつたのである。それは何であるか、すなはち宿業といふことである。宿業とは何ぞや、宿業とは仏教の三世因果の解釈に要する或る重要なる教義である、教理である、こんなふうに自分は習つて来た。またさういふふうに自分は聴いて来たのである。けれども、それではどうも自分の心に済まされない。一体、そんな教義とか教理とかを以て自分の生活、自分の行動を解釈するといふことは何の意味もないものである。だから、どうしても宿業といふものは、教義とか教理ではなくて、何かの意味に於てもそれは事実でなければならないといふことについて、自分は数十年以来それを問題にして来たのである。

然るに、自分は昭和十一年の十一月、或る所（福井県の中橋医院）に於て何か話をして居ります間に、突然として自分に一の感じが生れて来た。「宿業とは本能なり」、かういふ叫び声を聞いたのである。こゝに至つて私の数十年の疑問といふものは一朝にして解決した。これは自分としては終生忘れることが出来ない。すなはち昭和十一年の十一月、日は忘れたけれども、年も十一、月も十一、日は十一であつたか十二であつたか知らぬ。十一日であればなほ一層よいわけである。「宿業とは本能なり」。しかしながら、「宿業」といふ言葉は一応は死んだ古い言葉である、「本能」といふ言葉は生きた新しい言葉である。すなはち一応死んだと思はれる仏教の専門の言葉を生きた現代語に翻訳することが出来た。と同時に生きた言葉をまたもう一遍死んだと思はれる言葉に戻してみると、何かまだ、はつきりと分らぬけれども、一応死んだと思はれる古語は実は死んで居ないのであつて、此に依つて、生きた言葉の中に何かもう一つ内面的な深い意味を持つといふことを推察することが出来た。しかしそれが如何なる意義であるかといふことは、これを明瞭にすることが出来なかつた。

　然るに昨昭和十五年の十月、確か九日、十日、十一日の三日間、金子氏の御郷里である越後の高田へ参りまして、三日間講演をした。その中に私はやはり今の宿業——本能の話をした。一席の講演を済まして座敷へ帰りますと、此処に出席して居られる横田常力氏が座敷へ来られた。この人は自分の竹馬の友であるが、この横田常力氏が言はれるのに、今日、お話を聴いて非常に愉快であつたが、しかしながら「本能」といふ言葉には一般の通念といふものがあつて、動物本能とか、人間にも共通性があるが、無自覚なもの、動物性といふものが本能である、これが即ち通念である、然るに今お話を聴いて居ると、本能といふものが何か妙な一つの内容を持つて居るやうに話されたが、それは一般の通念に反するから、さういふことならもつと別な言葉で表明されたらどうであるか、かう言つて難詰的に話された。それで私は、一体ほかの人がさういふことを言つて疑問を持つて来るのならよいが、苟くも横田常力氏ともあらうものがそんなことが分らぬといふことは情ないことであると言つて憤慨した。憤慨したと言つても、大して腹立つたわけではないのだけれども、何か多少昂奮した。横田氏も止むを得ず沈黙してしまつた。ところがその時は自分にも何かはつきりしないものがあつた。それはつまり言つてみれば、我々人間の行為を決定するものは決して知性的なる理性でなくして感性的本能である。本能のみが我々の行為を決定するのである。それを仏教の言葉を介して言へば、我々の現在の行為といふものを決定するものは宿業である、すなはち本能である、かういふことであるのでありますが、その時はたゞそれだけしか分らなかつた。しかし、たゞさう言うただけでも、非常に深い意味を持つといふことは考へられるのであります。たゞしかし自分は極めて簡単に考へて居つた。

私は昨年（昭和十五年）の十月の九日十日十一日と三日間高田に居りまして、富山県に五百石といふ極く小さい田舎町がありますが、十二日には、その五百石から更に一里も立山の方へ近く行つて、その小さい農村にふさはしいやうな、静寂なる一の寺に入つた。而してそこの講壇に立つた時に、私はまた感じたことがあります。その時感得致しました言葉は、具体的本能は（仏と自己と）感応道交するといふことである。すなはち具体的本能の内面内観といふものは感応道交であるといふことを、その時に初めて自分は感得したのであります。ですから、もう三日ばかり早く高田で感得すれば、横田常力氏も満足して、さあ手を握らうといふところでありませう。惜しいかな三日遅れた。此処に幸に横田氏も居られるのでありますから、そのお詫びも出来ることであると私はかう思ふのであります。横田氏に聴いて貰ふためにかういふ題を出したのではないけれども、丁度、金子氏の還暦感謝の会に横田氏がわざわざ見えまして、まことに不思議の御縁であると、かう感じて、私

は感謝して居るところであります。（「選集」一一―七八〜七九頁。「講義集」五―一〇頁も同文）

2 ［感応道交する力、それが本能である］

この席でも一二回お話を申しましたが、私は「宿業は本能」といふことを申します。仏教でいふ宿業といふは、どういふ事であるかといふと、宿業といふ事を単なる説明とか、単なる説明の一つの方法である、こんな風によく考へて居るやうだが、私はさうでないと思ふ。宿業といふは感覚（自覚）である。宿業は感覚であつて本能であるといふ事を、私は既に数年前に明らかに知らして貰うた。宿業は本能である。然らば本能といふはどういふものかといふと、私は近頃、本能といふものをハッキリ知らされたやうに思ふ。つまり感応道交する力、それが本能であると私は了解して居るのである。

明治以来の学問では、本能は理性に対するもので、本能は動物と共通の無自覚のものだと考へる、それは科学的の本能でありまして、吾々仏道を修行する人の本能といふものはさういふものではありません。吾々の本能といふのは感応道交する。吾々は生れた時から感応道交の力といふものを与へられて居るんであります。つまり、吾々は生れると感応道交の力を与へて貰うて居る。（中略）宇宙の道理、人生の道理は、感応道交で明らかになつて来る。感応道交によつて過去も知り、未来も知り、現在も知る。三世を知る所のその原理はどこにあるか、三世を知る所の原理は感応道交にある。仏法の三世因果、善悪業道の因果といふものも自然であるといふ事の自覚の原理は感応道交にある。感応道交こそは本能の内容である。感応道交の無い所に本能は無いのである、と私は昨年の秋以来はじめて明らかにさせて貰つた。で、具体的本能は感応道交するものである。感応道交の無い所にどうして宿業といふ事が成立つであらう。故に、感応道交、それを機として仏の本願といふものがはじまつて来た。さうぢやありませんか。仏の本願は、その感応道交するところの本能、そのハズミで本願が起つて来た。感応道交は与へられた力である。感応道交は本当に与へられた力で、さうして、吾々の内から本当に湧出て来る力である。つまり、歴史といふ一つの力を以て吾々に与へられて居る。歴史的に感応道交は与へられて居る。単に外から神秘的に与へられたといふやうなものではない。自然法爾の歴史の力を以て、いつとはなしに吾々に与へられて居るのであります。(「講義集」一一一七頁。昭和二十一年九月「仏教文化」)

3 [宿業とは、今の言葉では遺伝になるが、仏教ではその遺伝を内観して宿業という。やはり宿業になれば自分の責任である]

宿業というようなことは、仏教の三世因果というようなところから仰せられるのだが、どうも一般には宿業などということは通じない言葉になっている。それで私は宿業を本能という言葉にかえて了解している。宿業は、我々の理知とか理性というものにたいしてみれば本能である。本能は生まれながらにしてもっているものです。本能というのは、いうてみれば、祖先の遺伝。祖先というのは、人間だけが祖先でなくて、人間以外のものもあるわけでしょう。そういうものもみな自分自身のうちに、自分自身の責任であるというように感じるのが宿業というものでしょう。責任感です。それは祖先の犯した罪であって、自分には何も責任はないといっても、責任はちゃんと負わされている。否応なしに負わされている。だんだんと祖先というものをみていければ、どれだけの祖先があるかわからない。無量無数の祖先の経験を我われが荷負うている。それがみな自分の宿業である。それがみな自分の責任である。そうすれば、つまり、自分が救われるということは、祖先がみな救われることである。自分がほんとうに責任を自覚して、如来を見出す、如来を信ずることができるならば、如来のおたすけにあずかることができるならば、祖先全部がたすかる。そういうこともいえるわけだと思われます。

本能というと、すぐに、動物的なことだけだというけれども、動物的なことが大きな力を占めていることはもちろんのことであるけれども、しかし本能の悩み、宿業の悩みというものと、仏の本願というものとは、ふかい関係をもっているにちがいないのです。仏の本願と衆生の宿業と。

これは『観無量寿経』を『大無量寿経』と相対してみれば、『大無量寿経』は如来の本願をあきらかにする。『観無量寿経』はそれにたいして、衆生の宿業というものをあきらかにしていく。しかも我らの宿業と如来の本願とは非常にふかい関係、歴史的関係があります。（『曽我量深集』下、三六～三八頁）

4　［行為を決定するのは宿業、その宿業は本能である］

「しかれども一人にてもかなひぬべき業縁なきにより」（『歎異抄』第十三章）、一人にても殺す業縁がないゝ、これを随縁といふ。随縁起行である。随心起行《ずいしんきぎょう》・随縁起行《ずいえんきぎょう》は、善導大師の具疏《ぐしょ》を拝読すると、ある時は随心起行、ある時は随縁起行とある。こゝにいふ所の心にまかせるは随心起行、業縁にまかせるは随縁起行である。然し一人にても殺すべき宿業の縁がないから殺すことは出来ぬ。更にそれを明瞭にして、「わがこゝろのよくてころさぬにはあらず」。外なる業縁に依るのであつて、自分の個人的意志が善なるに依つて殺さぬのではない。人を殺す殺さぬは個人の意志、道徳的理性、実践的理性が自分の行為を決定するのではない。個人意識を超えた宿業がこれを決定するのである。その宿業は本能である。本能が決定する。これはこの前にも申したが、凡て理性でこれは善これは悪と考へて善をなし悪を捨てる、そのやうに人間は考へてゐるが、ほんたうの大事といふものを決定するときには自分の頭に考へたやうにはゆかぬ。大事件になると自分の個人的意志を超え、我々の分別を超えて決定するものがある。それが宿業である。

この宿業といふものは、宿業をしろしめす方はたゞ仏のみである。だから静かに仏を念ずれば、我等の大事に処して為すべきことはちやんと何か知らぬが、どんなに突発的に来ることでも、そこに一種の予感がある。全く何もわからぬこともあるが、大抵のことは一つの予感があり、突発的にくる間にも何かしら余裕がある。それを自分の分別の力、理性の力を頼んでゐる時には、平常それは頼みになるやうに思つてゐるが、どうでもよいことはいゝ加減にごまかしてゐるが、大事件になると最早理性の判断などは何の力もない。つまり如来のみ宿業をしろしめすから、どんな突発的なことでも如来の命《めい》をまつてそれに対してゆく、それが宿業の自覚といふものである。（『歎異抄聴記』「選集」六―二九四頁）

5 〔宿業の問題〕

宿業の問題

徹底せる宿業観は、悪人正機の弥陀の本願の内面的根拠として（はじめて成りたつ。その徹底せる宿業観は）、随てその本願回向の信成立の事証なる現生正定《げんしょうしょうじょう》の前提として必然的出発点であります。（中略）

我々は漠然として悪人正機の本願と云ひます。併し乍ら悪人正機の本願は此（宿業観）を信行に於てのみ証明せらるゝのであります。悪人正機（徹底せる宿業観）は現生正定の心境（二種深信を得ること）に於てのみ証明せらるゝのであります。かくして悪人正機と云ふことは宿業観に帰着せねばなりません。

私は宿業とは本能であると領解させられます。我々の一切の行為（行住坐臥《ぎょうじゅうざが》、一切の所作）は一往は道徳的理性の決定の如く思惟せらるゝも、深く内省すれば悉く本能の決定ならざるはないと痛感せられます。誠に痛ましき悲しき人生である。生死も皆本能であります。況んや此より以下なる事象に於てをやであります。

本能に対する我々は総てが偶然である、無知である、無能である。此は理性を以て本能に対抗せんとするからである。真実に我々にして理性の妄想を反省して、その無能（自力無効）を内観し得たならば、我々は恐るべき本能に於て、是に大悲招喚の声を聞き、道徳的理性に於て反つて否定的発遣の（自力無効を反証する）声に接し得るであらふ。誠に本能といふ辞《ことば》は世人《せじん》は無自覚に浅薄の意義に使用するが、此の語の中には何か人生の重大の意義を暗示する宏遠《こうおん》の語《ことば》でないか。私は此の本能を以て如来の本願を暗示する招喚の声でないかと思ひます。而して道徳的理性を以て自力無効を反証する発遣の語と思はずに居られませぬ。

私は最後に宿業観（宿業の歴史観）こそは仏教史観（本願の歴史観）の基礎であり、母胎であり、弥陀本願の正機であり、現生正定の大地であることを結語といたします。（昭和十一年一月号『開神』「選集」五―二二一〜二二三頁）

6 [本能の象徴としての国土]

本能の象徴としての国土

浄土と穢土

我等は久しき間「宿業」の名を想ふ毎に徒に不可抗的絶望に襲はれ、また「本能」の語に接する時直に動物的慾情と卑しみ来つたのであるが、今や現実人生を挙げて「宿業本能」の業報の渦中に（本願を）見出しつゝ、一点の疑惑と驚怪と恐怖とをも感ぜず、更に進んで唯是「宿業本能」を通してのみ、我等衆生が唯それに於て生れ、また唯それに於て安んじて死し得る所の、一切衆生の畢竟依処たるべき大自然界（浄土）を感受し開入し証験し得べき契機たることを明信感謝せしめられる。

誠に大自然（浄土）は現に不可知なる宿業本能の内（此岸）にあると同時に、本性としては此を超えて彼岸に在る。現に宿業本能の内に在る方面よりはそれは迷妄なる業道自然《ごうどうじねん》であり、本性としてそれの彼岸にある方面よりはそれは無為自然《むいじねん》である。（昭和十二年一月号『開神』「選集」五―四四～四五頁）

7 ［一如平等の世界は、無為自然の本能の領域である］

惟《おも》ふに完全円満なる一如平等の世界は、決して我等の現実の不満不備に対抗する理想の世界ではなく、無為自然《むいじねん》の本能の領域である。本能の領域に於てこそ所有《いわゆ》る差別はそのまゝに平等であり不二である。（中略）

本能は西洋の学問では単に人間の下等の欲望に過ぎぬであらふが、我等の教学では真如と云ひ、一如と云ひ、仏性と云ひ、阿梨耶識《ありやしき》（第七末那識）と云ひ、異熟識《いじゆくしき》即ち業果識（業果の感覚）と云ふ。かくて如来の国土は本来遠い理想界でなく、最も迩《ちか》い所（本能）に在るのであらふ。但し我等人間の理知の迷妄からは随分遠いのである。（昭和十二年十二月八

日。『開神』「選集」五―六五頁）

8 ［宿業と本能は一つである。まだ生まれぬ以前、仏と我われは未分の時、仏は本能の基盤において浄土を建てた］

仏の本願は我われの理知でなく、理知以前に本能的に、はやはたらいていることをしめすものである。第十一願までは本能を基盤に浄土を建立する願（第一願から第十一願まではは「国中の人天」に誓われた願）。第十二、十三願はその浄土における仏身成就の願。十七願から人間世界の願（第十八願から第二十願までは「十方衆生《国外の人天》」に誓われた願）と了解すべきである。

生まれぬ前の本願によってはじめて三悪道を離れて人間世界に生まれてきたのである。それで最初に無三悪趣の願があるのである。かの横川法語にも「まず三悪道を離れて人間に生まるること大なるよろこびなり」とある。三悪道につながっている我われが生まれてくる時に三悪道を超越すべく生まれてきたのである。どういう願いをもって生まれてきたか、三悪趣を離れよう、三悪趣を超越せしめようと、いまだ生まれぬ以前に仏と衆生は因縁をもっていたというのが第一願から第十一願までの願であろう。

むかし、仏の本願は我われの宿業と深いつながりをもつ。

本願と宿業。本能と本願は同じという人があるが、私は数十年前から「宿業は本能なり」と了解している。本能と本願と一つであるというわけにはゆかぬが、宿業と本能は一つである。今日は仏と我われとは分限分際がはっきりしているが、いまだ生まれぬ以前にさかのぼると、仏と我われとは分限分際がはっきりせぬのであろう（「国中の人天」であった）。その時に已にある本願、つまり仏は本能の基盤において浄土を建てたというのである。仏の本願を理知的に解釈してもだめである。仏の本願を本能のところにもとづけてはじめて浄土門がある。ただ、学問を理知の範囲にとどめるので聖道門の思想は個人的主観を出ずることができぬ。『大無量寿経』の世界は理知の世界の底にある本能、いまだ生まれざる純粋本能のところに結びついて本願が建てられてあると教える。（昭和三十年六月、『教化研究』第九号、特集・御本書講讃Ⅲ）（『曽我量深集』上、六二一頁）

9 「本能と申しますのは、つまり深層意識」

宿業というものは一体どういうものであるか。私は、宿業というものは本能というものである、と。宿業＝本能であると、こう私は何十年も昔から私はそういうものだと了解しておるのであります。『歎異抄』では〝宿業〟という言葉で表わしておるのでありまするが、この本能と申しますのは、つまり深層意識というものであります。宿業というものは、われわれの意識の深いところに動いておるものである。だから宿業というものを、これを深層意識と申して、それを〝本能〟とそういうように言う。（中略）

この本能というのは、結句、根でありましょう、それを深く掘り下げるというのが、すなわちこれ自覚というものでありましょう。本能の一番の底のところに、掘り下げたところが、この宗教本能というものがある。そういうのであります。（昭和三十九年九月「講話集」四―四四頁）

10 ［本能の所に法蔵菩薩を感得する］

本能というと、ああ本能か、ああ動物本能かと侮蔑するんですけれども、動物本能というのは本能の全体ではありません。動物本能というものは本能の一部分で、ごく一部分をとって、そうして全体かの如く迷うておる人があると思うのであります。だから動物を包んで――動物を排斥するんでありません。人間には動物本能だけでなく、あらゆる動物の本能を包み込んで、そうしてそれを総合していくところに人間本能というものがあるわけでありましょう。人間本能というものまで目を開いてくれれば、私どもはそこに仏様の因位というものを、われわれはその中に感得することができるであろう。すなわち法蔵菩薩、因位法蔵菩薩をこの本能の所に感得することができるであろう。（中略）

つまり私ども人間の生命というものは、意識の底にあるところの宿業のところに、われらの生命というものがあるのでしょう。宿業本能のところに生命がある。そういうところからいろいろ考えることができるわけです。この本能というものはわれわれの迷いの根源になりましょう。けれどもこの本能というものはまた迷いをひるがえしてさとりの眼を開くという、その根本になるものが本能である。昔からこういう言葉がある。「地によって倒るるものは地によって立つ」――本能によって、本能宿業によって迷いたるものは、本能宿業によって迷いをひるがえしてさとりを開くことが出来る。――すなわち本能は迷いの根源であり、またさとりの根源でもある。（昭和三十八年五月十七日、久留米市大谷派教務所における講話）（『中道』第三七号、昭和四十年十一月号）

11　「本能は法性法身、本願は方便法身。本能と本願は「一にして同ずべからず、異にして分かつべからず」」

本能というものは衆生に属する。本願は仏様に属する。本能と本願は一つなのか違うのかと言って、浩々洞時代によく質問せられたものでございます。本能と本願、これは一つというわけにもいかぬし、また全く別のものだというわけにもいかない。

「一にして同ずべからず、異にして分かつべからず」という言葉が曇鸞大師にあります。

法性法身というのは本能です。法性法身は別にありません。われわれの持っておるところの本能のところに法性法身はあるんでしょう。方便法身はつまり本願でしょう。法性法身は本能、方便法身は本願です。その本能を転ずれば本願。だから本願というのは本能を離れない。（『中道』第三七号、昭和四十年十一月号）

12 〔本能（法性法身）と本願（方便法身）は二つであるがやはり自ずから一つになる〕

「宿業は本能なり」と私はかつてより了解している。本能と本願は二つであるがやはり自ずから一つになると私は思う次第である。だから（相対有限という）分限さえ知らして貰えばよい（相対有限を自覚する処が絶対無限）。分限ということ、正しい分限を知らして貰うなら何でも惑いがなく、絶対無限の定めたまう我等の環境、また分限、それを私共は宿業と了承して朗らかに頂戴すればよい。信心（相対有限を自覚する）とはつねに戦いであり、修道が光のなかに包まれる。第二十願にはその意義を持つ。（「講義集」一二―一七六頁）

13 〔本能は一切の迷いの根本であるとともに、悟りの根本である〕

われわれは理性を深く掘り下げることによって、いいかえればわれら自身を掘り下げることによって、本能に達することができる。そこでわれわれは初めて本当の本能に触れると同時に、その本能をいかに理知・理性（本能を実体化させるものが理性）でもって汚していたかということに気がつく。それは一切の業とか迷いの本が、そこにあるのだということをうなずかしめるであろう。われわれは理性を掘り下げずしてはこのことを知ることができない。なぜなら理性のないところ、理性のない本能に煩悩はないからである。八万四千の煩悩があるということは、理性を深く掘り下げていったところ、そこで突当った本能、そこ（本能）に八万四千の煩悩の根があるのである。と同時に、仏の智慧と慈悲の根源である本願もその根のところ（本能）にあるのだ。『大経』では釈尊の悟りの根本もそこにあるといっているのである。

われわれの理知・理性の世界は意識の世界である。意識の基礎になっているのは本能で、それはわれわれの自覚がないと、つまり理知・理性にとらわれていると歪曲されたような、極めて不自然な病的な形になって現われ、われわれの生活を乱し、人間を苦しめてやまないのである。だから人は、人間を苦しめるのは本能である、本能が一切の苦悩・煩悩の本なのだと思っているが、それはそうかもしれないが、しかし仮にそうだとしても、同時に人間の苦悩を救ってくれるのも、また本能であるということは否定できない事実なのだ。人は本能によって苦しめられている。それは偽らざる日常の生活だが、しかしそれによって深く内観するとき、われわれはそれまでわれわれを苦しめてきた本能が実は本願

のよって立つ場所なのだ、とそういうことに気づかしめられるのである。(中略)
阿難尊者は本能のところまで下《くだ》ってまことの如来を拝したのである。――釈尊と私とは昔からの一族としての深い関係がある、この関係の由って来るところは実に不思議で、今日こうして自分が釈尊のお側に仕えているのもただごとではない、多生曠劫の因縁によるものだ、と他の弟子たちのように平面的にではなく、立体的に考えていたところから、本当の仏のお悟りというものはこの私自身と共通したものでなければならない、私自身の迷っている場所と仏のお悟りになっている場所とは本当は一つであるに違いない、と本能ということをハッキリと自覚していたわけではないが、とにかく本能のところまで下って仏陀世尊を拝し奉ったのであった。けだし釈尊は本能のところにおって悟り、阿難尊者は本能のところにおいて迷っていたのであろう。(「講義集」七―一二二～一二三頁)

14 「宿業は四十歳代の頃から問題にしている」「清沢先生は本能の世界に生きておられる」

今年は、清沢満之先生のご生誕一〇〇年にあたるのであります。先生が、もしご存命でありますならば、満一〇〇歳、かぞえ年では一〇一歳になられるわけであります。(中略)
それでは、清沢先生は、どこに生きておられるかと問う人があるならば、私は「清沢先生は本能の世界に生きておられる」といおうと思うのであります。(中略)

宿業という言葉は眠っておる言葉であるが、いま正しく目を覚ましている言葉に翻訳するならば、どういうことになるか。そういうことを私は数十年前、私が四十歳代の頃から問題にしているのである。仏教の宿業ということは、本能ということである。宿業は本能であると、私は考えているのであります。（『親鸞教学』第三号）

解説

以上は「宿業本能」について講述しておられるところを引用してきた。前にも記したように、「宿業は本能なり」ということを感得されたのは昭和十一年、曽我量深の六十一歳の時であった。蛇足ながら、このような背景をもって講ぜられたのが、昭和十七年の安居《あんご》の講述、『歎異抄聴記』であった。曽我量深は晩年になって当時（昭和十七年）のことをふりかえって次のように述べている。

安居《あんご》にあたって、その講本をまとめてほしいといわれておったのですが、他の聖典ならば考えたり準備をしたりしなければなりませんが、『歎異抄』であればいつでも講義できますとご返事して講本もつくらなかったのであります。（後略）

曽我量深は昭和五年三月（五十六歳）、東本願寺侍董寮《じとうりょう》から「宗義違反」とされ（いわゆる異安心問題によって）、大谷大学教授を辞職する。それは昭和十六年八月（六十七歳）まで続くのであるが、その間、在野時代にあって「宿業」について思索され、ついに昭和十一年（六十一歳）に感得されたのが「宿業とは本能なり」ということであった。そして「宗義違反」（異安心問題）は昭和十六年八月に解かれ、曽我量深は真宗大谷派講師に任ぜられ、十一月、大谷大学教授となる。翌昭和十七年（六十八歳）、曽我量深は東本願寺から昭和十七年度安居の講師を任ぜられるのであるが、その時に講ぜられたのが『歎異抄聴記』であった。したがって昭和十一年に「宿業とは本能なり」と感得されたことに端を発して、以後、昭和十七年の安居で『歎異抄』を講ぜられるまで「宿業」についての思索が深められ温《あたた》められていたのであろう。そして安居の講師を任ぜられた時に言われた言葉が、「『歎異抄』であればいつでも講義できます」（前掲）という言葉であったように思われる。『歎異抄聴記』はこのような背景があって講ぜられたものである。したがって『歎異抄聴記』には「宿業」についての曽我量深の思索のすべてが網羅されている、といっても過言でないと思われる。

六、宿業の世界観

解説

以下は「宿業とは本能なり」と感得された曽我量深の「宿業」について、その世界観を講述されたものである。

1 〔宿業によつて感ずる所の純粋の果報といふものは象徴でなければならぬ〕

有情と国土、仏法の言葉で云へば正報と依報、正しく内に感ずる有情の果報を正報とするに対して、その有情の所依止《しょえじ》として存在する所の外《そと》に感ずる国土、それで外処《そと》なる国土を依報といふのであります。これを今自分の言葉で説明すれば、依報は本能の外《そと》なる象徴である、正報といふものは象徴する内なる本能そのものである。象徴する本能を正報といふ、本能の象徴をそれを依報といふ。だから正報には形がない。本当の正報は内処《うち》に直接

図9　象徴する本能の世界

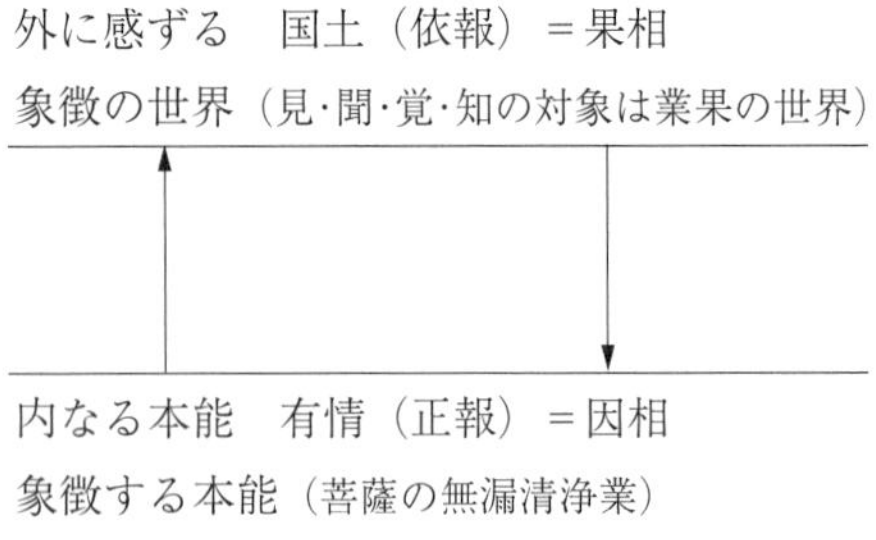

に感覚するものであつて、我々の見・聞・覚・知の境界となることは出来ないものである。依報も亦本性形を超えて、而も同時に見・聞・覚・知の境界となるものである。正報は唯直接に感覚するものである。依報も亦感覚するものであるけれども、亦同時に知覚の対象となる。

　大体昔の仏教、尤も仏教学では本能などといふ言葉は使つてゐませんけれども、本能といふ今現に行はれて居ります言葉を籍りて云へば、象徴する本能を正報といひ、本能の象徴するものが依報であるといふことは、中らずと雖も遠からざる所でせう。

　私は本当の業果の世界といふものは象徴の世界であると考へる。だからして菩薩が無漏清浄業によつて感得する境地といふものは純粋清浄の世界、だからして浄土といふものは菩薩の大願業力の象徴する所であるといふべきであると思ふ。一体、業の世界といふものは、例へば普通我々が現に感じつつあるのは迷ひの業の世界でありますが、その業の世界といふものは、その根柢に純粋業によつて感ずる所の純粋の果報といふものは象徴でなければならぬ。

但し我々は無明に覆はれて我執を起し、（中略）実体化する、かくして業の自然の一如の象徴の世界を概念化し実体化する、之を顚倒の世界といふ。実体化するといふことは迷ひでありますけれども、しかし如何に無窮に我々有情が業果を実体化しても、業の本性が永遠に実体化されない所が、本当の意味の法の世界である。それがつまり本当の菩薩が感ずる所の純粋象徴の世界である。これが浄土といふものである。

だから我々が業といふものを明らかにするには、象徴の世界といふものを前提しなければ業といふものは成立しないと思ひます。何が業を実体化するかと云へば、我執、即ち自我感情である。（中略）この迷妄が業自体の純粋象徴の作用の上に一《ひとつ》の実体的なものを迷ひの為に描き出して来たのであります。本当に純粋なる象徴の世界といふものが無いならば、我々の迷ひの世界といふものも成立しないぢやないかと思ふのであります。（昭和十三年『行信の道』「選集」七―三二一～三四頁）

2　［仏は衆生の宿業を通して我等を見出して下さる。我等は宿業を通して仏を念ずることができる］

凡て善悪は宿業として生れながらにして我々に与へられたものである。それ故に、我々は人間の理智を以てこれを知ることは出来ぬ。また知つたとしても意の如く行ふことは出来ぬ。こゝでは然らば宿業とはどんなものかといふと、私は宿業は本能であるといふ。

（中略）

我々の本能は感応道交するといふことである。本能は互に相ひ受用する。個人々々は理智に於ては格別で、強者が弱者を征服するのは理智によるからである。我々は理智を深く掘り下げて本能を見出して来れば、天地（仏と衆生）万物は一体である。天地万物は感応道交するものであることを知ることが出来る。現代人は理性で神を知るといふが、我々は宿業本能を通して神に接し仏に接する。宿業本能を通して仏を感じ神を感ずる。本当に我々は宿業を通してのみ仏を知る。又、仏は衆生の宿業を通して我等を見出して下さる。我等は宿業を通して仏を念じ、仏は宿業を通して我等を招喚し給ふ。仏と衆生との関係は理智の関係ではなく、宿業の関係、本能の関係である。だからこの世界を不思議といふ。誓願不思議といひ仏智不思議といふ。だから善悪は全く与へられたもので、善悪は我々人間の智慧を以ては分らぬものである。善悪は宿業として与へられたものである。だから何が善か何が悪かは本当は分らぬものである。善と雖もそれを誇れば悪となり、悪を悪と本当に感ずれば善と転ぜしめて頂く。故に一定の善もなく悪もない。だから善悪は宿業に与へられたもの故に、あらかじめ善を求めんとし悪を避けんとしても、よい結果を得るかは

予期すべからざるものである。その詳しくは第十三条にお示しになつてある。（『歎異抄聴記』「選集」六―九三～九五頁）

3 ［依報と正報］

宿業とはやはり血の続きを感ずる。血が続いてゐるというて外国人と自分とは血が続いてゐる訳ではない。又同じ民族でも血が続いてゐるといつても殆んど無に近いとも考へられる。併し血とは生きた人間ばかりに血が続いてゐるのではない。山河大地みなである。血のもとは山河大地、土であり国土である。有情と国土とは一つである。さうであります。我々は民族とか何とかいつて人間だけが血が続いてゐると思ふが、仏法では依報・正報といひ、国土を以て依報といふ。有情（衆生）を正報といひ山河大地を以て依報といふ。依報・正報は一つである。我々一人々々が正報と共に依報を感ずる。仏法では国土を産むといはず国土を感ずるといふ。我々は自分が生れるとき（宿業を自覚するとき）に、自己（正報）と共に山河大地全体（依報）を感ずる。業の世界では各人々々関係してゐて自分だけ孤立するといふことはない。凡ゆる有情、有情のみならず世界全体が互に感応してゐる。宿業の世界は感応道交の世界である。

宿業といふと仏法の教へで、何のことか知らぬが教へである。どんなものか我々に分らぬといひ、宿業といふと昔話をしてゐるやうに聞いてゐるが、宿業は感応道交の世界。宿業といふと真暗なやうに思つてゐるが、さうでなく、宿業に眼を開けば十方世界は互に胸を開き、山河大地もみな胸を開いて同じ仲間である。比叡山一つ見ても、突然としてあるのではない。比叡は何億年、何十億年昔からあそこに聳えてゐて、何か知らぬが自分との間に感応道交し呼べば答へる。自分と互に相ひ共通してゐる。呼べど答へずといふものではなく、山は常に無心にしてこれに応ずる。我《われ》、有心《うしん》にして、山を感ずれば彼は無心にして我に応ず。有心と無心とは互に感応道交する。（『歎異抄聴記』「選集」六―一五六頁）

4 〔宿業は依報正報、果相、異熟果の世界〕

元来理智は個人的のものである。宿業は依報正報、我々は身体のみが宿業でなく世界全体が宿業、天地宇宙、山河大地、悉くこれ宿業である。宿業といふと何か小さいもの個人的なもの丶やうに考へるがさういふものではない。寧ろ理智や理性で描くものは結局個人的自我を主にして歩をす丶めてゐるに違ひない。然るに宿業の世界になると天地宇宙山河大地と有情は悉く宿業である。宿業の世界に於て始めて我々は国土を感ずる。本当に国土を感ずるものは宿業である。宿業の自覚のない我情我慢の人には国土はない。彼等はこれを自然といふが、その自然は始めから自我の欲望を満足させる対象にしか過ぎない、自我に対立せる抽象的なるもの、主客相対立せる別体のものである。主客は全くその間に何等の共通を有たぬ絶対の対立であると考へる。併し宿業を念ずる時には、依正二報は一体不二のものである。依報は国土、正報は有情である。自我の世界に国土なし、あつても抽象である、一つの資本である。

然るに宿業に眼を開くとき、始めて山河大地と自分とは無始曠劫《むしこうごう》の昔より相離れぬ関係を有つ。眼を開いて山を見る。比叡山を見ても単に山だと云ふことは出来ない。何か知らぬがこの比叡山は憧れの対象、自分と宿世の昔より繋がりをもつてゐる。今日比叡山に会ふことは全く偶然であるが、そこに本当の意味の必然がある。歴史的必然がある。自我的論理的必然はないが、寧ろ心理的必然、もつと歴史的必然がある。依正二報、山河大地と自分との間に生命が続いてゐる。単に民族のみの繋がりでなく、山河大地とも血が続き一切の非情みな血が続く、草も木も海も山もみな血が続いてゐる。寧ろ自然は自分の母であり親である。だから宿業を念ずる時、「一切の有情はみなもて世々生々の父母兄弟なり」といふお言葉が出る。そしてその言葉の出て来る元には、依報があり国土といふものがある。たゞ有情のみゐるのではない。我といふものを考へる時は我が元で、国土といふものは何処かで探し当てゝ、たゞ自分の欲望を満足させるだけのものである。併し宿業に眼を開けば国土は自分の生命の根元である。（『歎異抄聴記』「選集」六―二三六頁）

5 ［象徴の世界——阿頼耶識が外処に感ずる器界なる山河大地、内処に感ずる有情界］

大乗仏教の阿頼耶識の因相・果相といふものに就て、果相といふ方は迷の世界を顕してゐるのであるが、因相の世界はこれは真理の世界を顕す。それでつまり果相の迷の方は業道自然の世界であります。自我が理想の倒想によつて自我の全智全能を証明せんと思惟し勤行すると、その求むる所は精神世界であるが、その求め得たるものは全く異熟《いじゅく》せられたる、即ち不純に象徴せられたる物質世界であつた。

しかしながら静かに深くその背景である所の因相といふ無尽の法蔵から果そのものを照し見る時、そこに始めて自己の自由を縛ると思はれてゐる所に深い意義を、深い真理といふものを感得することが出来る。現行《げんぎょう》の果報は徒《いたず》らに自分を苦しめ自由を束縛するものであるやうに思はれるけれども、しかし何か自分と深い必然の因縁を有つてゐる、遠い宿業の交渉を有つてゐる、血のつながりを感ずる、かういふことになつて来てゐるのでありまして、さういふ所に純粋完全の象徴の世界といふものが感得せらるるのである。

象徴といふと唯麗《うるわ》しい絵を見るやうに皆さんは思はれるかも知れませんが、それは真実に象徴の意義を知らざるのみならず、亦真実に絵画を知らないのであります。本当の象徴の世界といふものは真実の芸術の世界であり、それは生命の世界であつて、何か知らんけれどもそれは自分の血肉であるといふことを感ずる。そこに何か徒に自分を楽しませるとか、さういふ懈慢界ぢやない。例へば本当の芸術の世界といふやうなものは、根本主観なる阿頼耶識が、外処《そと》に感ずる器界なる山河大地、内処《うち》に感ずる有情界であります。即ち生ける魂、現実の生命、流るる血、躍動する肉、それを感ずるものは有情の感覚、この感覚の主体を有情といふのであります。有情といふものが一《ひとつ》の感覚であります。

それは有情であるといふそこに生命といふものを内に感ずる、或は血を感じ肉を感じ、或は骨を感ずる。それは自身のものとしては形に見えないものであるけれども、もつともつと直接に感ずる。それは現行識《げんぎょうしき》としての根本主観たる阿頼耶識の感ずる所であり、能感（阿頼耶識）はそれの所感の有情を以て直に自己の体とし、それと安危《あんき》死生を共同にするのである。

我々は一般に眼・耳・鼻・舌・身・意の六識を以て直接自明の事実的意識としてゐるが、それよりも直接なる事実は六識が内的依処《よりどころ》として前提する六根であり、それが即ち阿頼耶識の現行の事実であります。現行識としての阿頼耶識の具体的な生命といふものは血であり肉であり骨である。さういふものが脈々と動き、その動きを支へる力、骨の力、さうして諸の骨を又動かす力を与へる、さういふものが肉である。その肉をして潤ひあらしめる所のものは血である。それを直接に感覚する、即ち内面的に感覚する。

さういふ骨肉であり血であるものを内感すると同時に、外処《そと》には山河大地を感ずる。京都の加茂川の橋の上に立つと北東方に聳ゆる比叡山を見る。あの比叡山といふものは理論上何等自我に関係がない。誰にも同じもの、誰にも共通のものであります。私には特別の関係を与へるといふことはない。唯偶然のものにしか過ぎないものである。然るにも拘《かかわ》らず、我等は山河大地、或は日月星辰《せいしん》を見る、さうすると何か知らんけれども、何か自分の肉と血といふものと深き因縁を感知せしめられる。前六識を以て見るのは写真でせう。本当の美術といふものになつて来ると、外側を写さずに深く内面に触れる。そこに生きてゐる所の一如の山河大地を感覚する。先に申しました所の内界の象徴、本能の象徴といふものはそれを指すのでありませう。象徴といふと何か単に麗《うるわ》しい写真の如くに考へますが、何かとそれがぐんぐんと我が胸に迫つて来る、宿業のつながりを有つ。阿頼耶識の上に感ずる所の自然といふものは、さういふ自然である。

今日一般に自覚というてゐるものは、実は我見であつて真の自覚ではないのでありまして、阿頼耶識なる業果の世界こそ、法界の事物は相互に皆直接に脈々として連続して血が流通してゐる。内なる世界と外なる世界と直接して対立しつつ而も内に一如である。それが阿頼耶識の世界の内観でありまして、この一如の世界に於てこそ各自の久遠の個性も成立するのであります。だから本当の美術といふものは、仮《たと》ひ一の山水といふものを描いても、さういふ立体的のものを描き出すことは出来ずして前六識の世界だけなら、瞬間的なる平面の写真に過ぎない。現行《げんぎょう》の山河大地は生きて千古の昔の等流の英姿を現在一刹那に生かしてゐる。現在の山河に於て過去千年の歴史的現行の連続の背景が目前にあり、さうして未来永遠に向つて動き出す一定の方向を闡明してゐる。之を刹那の現行といふのである。行《ぎょう》といふものがなければ単なる現在は一切が夢である、随つて刹那の現在には一定の方向があり、茲に独自の性格を有つてゐる。山河大地それぞれの方向があり性格がある。敢て走る馬だけに方向があるのではありません。山は静止してゐるのだし、馬は空間的方向を有つてゐるが、山は時間的方向を有つてゐるといひ得る。それだから現在一刹那に無限の過去と無限の未来を顕してゐる。その中心を現行《げんぎょう》といふ。それに於て現行する所の過去と未来との原理を種子《しゅうじ》といふ。これを種子生現行《しゅうじしょうげんぎょう》といふのであります。象徴といふのは生命の世界に於て始めて成立するのであります。

　我々の本当の本能の世界といふものは、我々の迷の自我を契機として、さうして象徴する世界といふものである。衆生の自我妄念に随順しつつそれを因とし、而もそれを反転して而してそこに象徴の世界といふものを出生するのであります。我々の自我の迷といふものを因として、その中にこの迷の中に迷を超えて、象徴の世界といふものがそこに在るのである。（『行信の道』「選集」七―四五～四八頁）

6 【感覚意識】

竊《ひそか》に斯《こ》の心《しん》を推《すい》するに、一切の群生海、無始より已来《このかた》乃至今日《こんにち》今時に至るまで、穢悪《えあく》汚染《わぜん》にして清浄の心《しん》無し、虚仮諂偽《こけてんぎ》にして真実の心《しん》無し。

これが即ち至心は宗教的体験の果相《かそう》といふ所以である。茲《ここ》に個人的の私言を超えて堂々と普遍的に「一切の群生海」といはれると、もうはや、数百年昔の親鸞だけの私事を云つて居るので無い。一切群生海はといふと皆様各自々々全体を総合することになる。「斯の心」なる体験を推論せずして突然として一切群生海といへば驕慢なる独断論であるが、斯の心を内面的に推すと「一切群生海は無始より已来乃至今日今時に至るまで、穢悪《えあく》汚染《わぜん》にして清浄の心無し、虚仮諂偽にして真実の心無し」、こういふ具合に内的必然的に無限無碍に流れ出て来る。（中略）「斯の心」を推すといふと、かういふ無限の内面を描写せる宗教歴史の絵巻物が開かれて来る。法蔵菩薩の永劫修行は正しく全宗教の文化史的展開である。即ち推すといふのは往還二面に表現廻向することである。此の信心が信心自らを廻向する。信心以外から廻向するのでない。水の流れる如く、水は水自らの重みで以て滞りなく流れて行く、丁度其のやうに此の一心が願力自然に自らを廻向し、自らを転向する所にそこに先づ至心が開かれる。其の至心をこゝに述べて、先づそれの外的境界を表明して「一切の群生海」と云うたのである。

茲《ここ》にいふ所の「群生海」は、所謂衆生海であり、感覚意識と称すべきものである。普通感覚意識と云へば、眼識、耳識、鼻識、舌識、身識並に意識の六識を指すのであるが、私は此六識と共に、外に此等の所縁となる色声香味触法の六境、及び内に此等六識の所依体たるべき眼根、耳根、鼻根、舌根、身根、意根の六根を併《あわ》せて悉く衆生界即ち感覚意識の群と呼ばんと欲する。通常考ふる所の六識を以て六境を感覚すると云ふのは、六境の上の或る性質を抽象して知覚することであつて、境の全体即ち色《しき》そのもの香《こう》そのものを感覚するるのではないが、私の云はんと欲するは、それ等の特殊的性質を感覚するに先だち、我々は内には六根なる有機体を全体的に感覚し、外には六境なる無機体を全体的に感覚する。是れ即ち有機感覚、無機感覚なるものである。私共の感覚意識は寧ろ生理的物理的である。夫《それ》は内外無数に各々別々の形象《けいしょう》を取りて内なる煩悩妄念に応じて化現して居る。此の一切群生海は、感覚意識が何等の統一なくムクムクと所謂六根六境六識の群賊悪獣《ぐんぞくあくじゅう》を生ずる。群生の、群とは何か。群賊悪獣、それが群《むらが》り生《しょう》ずる、それを群生海といふのであります。即ち茲《ここ》に二河白道の譬《たとえ》の中の群賊悪獣が群生海の名を以て流れ来つた。かく考へると、こゝに「一切の群生海は」と云つてあるのは面白い事だと思つて居る。（「如来表現の範疇としての三心観」「選集」五―一七三頁）

7 〔仏教の宿業といふことは感覚的事実である、感覚とは感応道交すること〕

私は宿業は本能なりといふことを知りまして、仏教の宿業といふことは感覚的事実である、感覚とは（仏と自己とが）感応道交することであり、感応道交することが本当の感覚する（自覚する）といふことであると知つたのであります。熱い寒いといふことは部分的なものであつて、もつと具体的なものは、我々は太陽を感ずる、月を感ずる、山を感じ河を感ずる。国土を感ずる、国体を感ずる。体の中に何かを感ずる、そんなものでなくて、親を感覚し、子孫を感覚し、世界を感覚し、国土を感覚する。日月星辰、山河大地、草木国土を感覚し、自分及び他人を感覚する。しかもそれを感覚する世界は、外にあつては広大無辺であり、内にあつては深きこと涯底がない。（「講義集」四―二一八頁）

七、運命と宿業

1 〔運命は結論、宿業は自覚〕

一体宿業とは何か。宿業は運命と同じことといふが、言葉からいへば、宿業と運命とは同じことかも知れぬが、現代多くの人が考へてゐる運命と仏法の宿業とは違ふ。運命論は一学説であり、唯物論的な結論である。それに対して、宿業感は一つの宿業観である。宿業は一つの感覚（自覚）であると、かう私は言ふ。運命は感覚ではない。一つの論である。結論である。一つの人間の理智主義者の結論である。理智主義者の思索なり思想なりの結論として運命がある。然るに、宿業はその感覚（自覚）である。これは理智主義者の運命論と全く違ふ。（『歎異抄聴記』「選集」六―七七頁）

2 〔運命と業報、此両者は唯自覚の有無の差別なるばかりである〕

われは真に提婆や阿闍世を以て直に自己の客観相と気づかざりし時には、徒に彼等を罵り、咀ふ。かくて釈尊を咀ひ、親鸞を咀ひ、宗門と国家と父祖とを咀ふ。そして自己をすら咀ふ。しかし一旦自己に開眼し、深くわれの業報てふ事実に驚く時には、唯自己につき纏へる祖先の亡霊を、直に「権化の仁」と感謝せずに居れぬであらう。

運命観と業報観とは甚だ近きが如くして而も千里の懸りがあり、又遥遠なるに似て唯一紙の表裏の如くである。われは罪悪や業報を口にする時、多くは運命観に居る。さうかと思へば運命を口にして最も痛切に業報を感ずる時もある。此両者は唯自覚の有無の差別なるばかりである。運命に徹すれば業報の自覚となり、業報も概念となれば運命観である。

（「これまで」「選集」三―一八頁）

八、善悪はみな宿業

1 ［宿業に準ずれば逆境も順境となる］

「いづれの行もをよびがたき身なれば、とても地獄は一定すみかぞかし」。我々人間の行ひが実践出来るといふことは便宜上いつてゐるだけである。人間は学問し修行して自分の理想が実現出来ると考へてゐるが、はたしてそんなことが出来るか。皆違つてゐる。たまに偶然に人間は良いものを拾ふと自分の功とし、悪いものを拾ふと他人が邪魔をしたと他人を怨む。

併し善も悪も宿業が選んだもので、我等人間がそれを決定する力は毫末もない。人生は凡て与へられたものである。我々の力で自分の将来を改革して行くことは絶対に出来ぬ。だから我々は善も悪も与へられるところ（宿業）に素直に随順して行けば、我々の到る所に光がある。逆境も亦輝きがある。つまり順境逆境は我々の理智で決断出来ぬところである。順逆は如来のみ知しめすところで、我々の知るところではない。だから順逆善悪凡て宿業の与へるところであるから我々はそれを素直に受ける。素直に受けるならば凡てが皆順境である。そして逆境などは全くないものである。そこにつまり本願一実の大道がある。（『歎異抄聴記』「選集」六—一四〇〜一四一頁）

2　［宿業の自覚に立つて自力無効とはつきり仰せられた］

「いづれの行もをよびがたき身なれば、とても地獄は一定すみかぞかし」（『歎異抄』第二章）とこゝにはつきりと機の深信をあげられて、凡てが皆宿業である、今日我が身のあるのは皆宿業の結果として存在してゐるものである。（中略）

宿業よりみれば、「いづれの行もをよびがたき身なれば、とても地獄は一定すみかぞかし」である。かりに自分がいゝことを為し、徳を磨き学を修むとも、それも結局宿業に依ることとである。我が力で行ずる行でもなんでもない、だから我々の最後の落ち着きはいづれの行も及び難し、結局最後の往生、本当の涅槃の岸に辿りつくことは自分の行の力では、涅槃の岸に辿りつくことの光を見出し安心をすることは絶対に不可能のことである。だから最後はいづれの行も及び難し。自力無効といふことになれば、最後の心は「地獄は一定すみかぞかし」地獄一定に落ちて行くより他ないものである。宿業の自覚に立つて自力無効とはつきり仰せられたのである。我々は善だ悪だと云つてみても、みんな自分の個人意志を超えた宿業に支配されてゐる、故に自分の力も何もない、最後の坐りは地獄一定より他ないと、そこに最後の坐りを置いて法然上人の仰せを信ずるといふ純粋感情を表明されたのである。（『歎異抄聴記』「選集」六―一四三～一四四頁）

3　［宿業にまかすことが如来の招喚に順ふこと］

宿業に喜んで順じて行くことが、みな無上涅槃に連続してゐる生活であることを知らせて頂く。「念仏には、無義をもて義とす。不可称不可説不可思議のゆへにと、おほせさふらひき」。念仏に依つて天地全体は不可称不可説不可思議の広大無辺の世界となる。不可称不可説不可思議は分らぬといふことではなく、分る必要のないほどに疑ひない明るい世界、分別を用ふる必要のないほど明るい道光明朗超絶の世界である。我々は如来の招喚に順つて凡てを宿業にまかせる。凡てを宿業にまかせて如来の招喚に順ずるというてもよい。凡てを宿業にまかすことと如来の招喚に順ふことゝは、否定と肯定との違ひで同じこと。凡てを宿業にまかすことが如来の招喚に順ふことで、それ以外に何ものもない。凡てを宿業にまかせれば真暗かといふとさうではない。まかせざるを得ぬのではなくまかせることが出来る、まかせることが出来るといふ朗らかな明るさで、神通洞達である。不可称不可説不可思議は何も分らぬお先真暗といふことではない。（『歎異抄聴記』「選集」六―二四四頁）

4 ［宿業は依他起性である］

「よきこゝろのをこるも、宿善のもよほすゆへなり。悪事《あしきこと》のおもはれせらるゝも、悪業のはからふゆへなり」。我々人間はよき心の起ることも、悪しき心の起ることもある。人間だからといつて無闇に悪しき心のみ起るときまつたものではない。一応は善き心も起り悪しき心も起ると考へられるが、然し善き心といつてもどこまでも善き心ときまつた訳でなく、悪しき心といつてもどこまでも悪しき心ときまつた訳でない。唯一応よき心も起り悪しき心も起るといふ（縁によっておこる）。とにかく何か知らんが偶然に起る。ある時は善き心も起り、ある時は悪しき心も起る。やはり悪人でも物を憐む心も起る。悪い心ばかり起るのではなく偶（たま）には善い心の起ることもある。その善き心悪しき心は、善き心は過去の善業にもよほされて起るのである、又反対に悪しき心の起るは過去の悪業のはからふ故である。この善業のもよほし悪業のはからひは凡て宿業である。（『歎異抄聴記』「選集」六―二九一頁）

九、共業と不共業

1 〔真の共業の世界には、それに先立って不共業（親鸞一人）の自覚がなければならない〕

すべての罪も善悪も宿業である。善悪は宿業であると知らされたところに救済がある。この宿業観は、南無阿弥陀仏という仏の本願の歴史の中に自分を見出すことである。それがつまり機の深信である。機の深信は即ち宿業観、宿業の自覚である。その自覚を感ずることが即ち如来の招喚に外ならない。

業には共業と不共業の二つがある。仏教においては、外界の山河大地とわれわれ衆生、即ち自然と人間とは別のものでない。業が一方では共同の自然界となり、一方では独自の人間界となる。それが共業と不共業である。その共業から限りない共通の広場である大自然が出て来る。われわれの業は、一方には自分の身心と一つになっている所の生命体というものを感ずる。それと共に、この業用は共業として自然界を感ずる。共業によって共相の世界を感ずる。そんなところから、共同の広場が限りなく展開する。

しかしながら人間には何人にも犯されることのない、独自な不可侵の世界があることに留意しなければならない。それは不共相の世界である。たとい専制な君主といえども侵すことのできない世界、これを不共相の世界という。これこそ独自の世界であって、どんなものも踏み込むことを許さない、内的絶対自由の世界である。この世界のみは他人に対しても絶対自由の権利を主張することができる。不共業によって感ずる所の正報の世界だけは何者による侵略も受けないというところに、人間としての尊厳があるのである。そしてこれは何人にも平等に与えられている。

その不共相の世界を除いた以外は、共相の世界であって、原則としてそれは何人の私有をも許されない性質のものでなければならない。真諦門の立場から言えばそういうものであって、所有権を認めているのは、俗諦門の立場においてのことであるに過ぎない。この共通の世界と共通を許さない世界というものの区別を、われわれは明瞭にしなければならない。（中略）

『歎異抄』の第十九条に、親鸞の言葉として、

弥陀の五劫思惟の願をよくよく案ずれば、ひとへに親鸞一人がためなりけり。されば

そくばくの業をもちける身にてありけるを、たすけんとおぼしめしたちける本願のかたじけなさよ。

とあるが、「親鸞一人」という、これ不共業の自覚に外ならない。真の共業の世界には、それに先立って不共業の自覚がなければならない。この不共業の自覚なしに、共業の広場が与えられるということはあり得ないのである。親鸞一人、ここには誰の代理をも許さない世界がある。（「講義集」一一―七五〜七七頁）

2 〔自分を取り巻くのが環境、外の世界。心境（我が身）は内の世界〕

このごろ私は環境・心境という言葉で了解している。此処に立つと、自分を取り巻くのが環境、外の世界である。心境は内の世界。

環境――外――依報――草木国土山川
心境――内――正報――有情ノ身、我が身

我が身は内の世界。我が身は自覚である。ただ我では本当の自覚にならぬ。それは観念的な自覚である。西洋人は「我」「我」と言う。同様にインドの婆羅門教は我を立てる。これに対し、我が身というのは歴史的自覚である。仏教では「我が身」「我が身」と言う。我が身は内面的、内の世界である。精神が内であり、身は外にあると言うのは観念論であって、そういう考え方をするといろいろの混乱が生ずる。

自身は現に是れ罪悪生死の凡夫、曠劫よりこのかた常に没み常に流転して出離の縁あることなし。

我が身（自身）が今此処に居る。時と処である。我が身は心境である。我が身を見ることが内観である。ただ「我」は内観にならぬ。とんでもないことである。「我が身」と言ったらつつましいこと、「我」と言うたら外に向って権利を主張すること。「我が身」というときは自分を深く内観し、反省して権利を主張せぬ。

浄土へ往生するということは環境である。浄土には川も池も宝樹も宝林もある。大涅槃というのは心境が開けるということである。我々はこの世では環境と心境とが一致しない。仏道修行して仏になるには、環境と闘って環境の支配を脱する。逆境の脅迫をも受けず、順境の誘惑をも受けず、これらに惑わされず、これらから独立する心境を開く。この世に於いては環境と心境とが別のものであるから、心境が環境の奴隷にならずして、環境の主となり環境を支配せねばならぬ。環境に対して新たなる独自の心境を得るというのが聖道門のさとりである。しかしこれは観念であり、分別がある。此処に御開山聖人や法然上人の疑問がある。観念のさとりでは満足出来ぬ人があるのである。（中略）

今日の現在は各自各自の業に依って出来ている。自分も業に依って出来ている。業は一人一人皆持っている。しかし仏法には業は二つある。つまり共業と不共業である。「共」とは共同とか共通とかいうこと。「不共」とは反対に不共同とか不共通ということ。共業とは万人に共通、万人に普遍している業である。不共業とは一人一人別々に独自に感招する業である。

共業は依報を、すなわち外なる世界を、外なる自然世界を作る業の因を言う。山川草木日月星辰。報というは果である。業は因である。依報に対して正報、これは我が身ということ。畜生でも我が身を知っている。恐ろしければ逃げ、腹が減れば食物を探す。またことによれば、命にさわるようなことがあっても、厭わず行動する。西洋の学問では「我」と言う。仏法では「我が身」と言う。天親菩薩の『浄土論』の「世尊我一心」の「我」、並びに『往生要集』の「我亦在彼摂取之中」の「我」は、いずれも「我が身」ということである。『正信偈』では「煩悩障眼雖不見、大悲無倦常照我」とあるが、これは『往生要集』に照らせば「常照我身」である。「我が身」以外に「我」はない。「我が身」以外に「我」があるというのは仏教以外の宗教である。「我」ということが自覚であると一般に考えられている。しかしそれが正しい自覚であるかどうかということは問題である。

仏法では「我が身」と言う。我々の経験の内に我が身がある。ただ「我」は経験出来ぬものであり、独断である。その我に対して神を立てる。ところが我が身に対しては如来である。我に対する神、我が身に対するものが如来、その道理をわきまえねばならぬ。我が身に対して摂取の光明を照らす。「我亦在彼摂取中」。我が身には煩悩がある。ただ我には煩悩はない。（中略）我に対する神、我が身に対する如来。西洋人は我というのは自覚であると言う。西洋の学問はそのように言うが、学問といっても科学以外にはないと確認している。我が身などというものは経験的なものであり、我は先験的に実在する、その実在に対応するものが神である、このように神の実在を証明するものが神学であり哲学である。我というのは神学や哲学に依って成り立つのであって、そういう学問以前から一文不知のところまで我々が下がると本当の我が身がわかる。

「自身は現にこれ罪悪生死の凡夫」。我が身が仏を知る。如来の光に依って我が身が証明せられる。我が身が我々に自覚せられたときには、如来の光の中に照らされ摂め取られている証拠である。我が身と言うときの姿は礼拝の姿である。頭が下がっている。我と言うのは威張っている。我が身と身が付くと謙虚。我が身を離れると大威張り。本当は我が身に於いて我がある。身を通して我がある。身あるが故に我あり。我が身を離れて我なし。これは一体、誰の身であるか、そんなことを言う人はいない。現在我が身は一つしかない。経験を通して経験を超えて我が身というものがある。我が身は歴史的存在である。業に依って造られたものである。

我々には我々の共業に依って造られた共同世界、共通の場所がないと我が身の居り場所がない。共同の場所を世界と言う。我が身の居る場所、すなわち共業の世界である。前に述べた通り、我々の業には共業と不共業とある。これは仏教を基にしてこういう学説が成り立っているわけであって、正報が居る場所を依報と言う。万人共通の世界というものがある。（「講義集」一三一一七三〜一八〇頁）

3　〔我が身（不共業）を通して、広く、環境一切の人がみな共感する〕

だいたい、業には共業と不共業とがある。共業は宿業共感の世界、宿業共感の世界がこれ共業でしょう。これ環境でしょう。環境はこれ誰もが共通していると考える。しかしその環境において、私どもは環境を見るのは自分自身であるとする。感ずることは見ることである。環境を見ることは知るということ、見聞覚知の見と知ることは一つである。ともかく環境を見たり、知ったりするのは自分である。見聞覚知することによって私どもは、環境は共通している世界であるが、自分自身独自の世界、各自がちがったものを感ずる。ここに宿業がある。だから宿業はただ共感だけでない。業に共業、不共業、それに対して共相の世界、不共相の世界がある。共相の世界はみんな平等に感ずる世界、不共相は私どもも各自各自、独自の一つの感覚の世界である。共通の感覚と独自の感覚ということができる。そのような人間にできている。

　それが正報というもの。正報とはつまり私どもの体である。我が身という正報、正しい果報でしょう。正しい果報を各自各自が宿業によって感じている。正報は体によって感得したもの、身を我が身と感得したのである。我が身という。人が死んだとき屍をみる。それは我が身でない。我が身は各自各自が宿業というものによって感得したもの。感ずる。ただ感ずる。苦しみを感じ楽しみを感ずる感ではない。感じ得たのである。感得したのである。環境も共通している。環境も共業の感得したものである。共業の中においてとくに我が身、宿業によって感得するのである。感知したのでない。感得したのである。

　環境も我が身もすべて業によって感得したものである。だから業に共業不共業があって、共業によって共相の世界を感得し、不共業により不共相の世界を感得する。不共相の世界は我が身である。我が身は誰にも共通しないものである。開山聖人は「親鸞一人」といわれるように、我が身というものをおさえて、今日のこの我が身というものに阿弥陀の本願がかけられている。阿弥陀の本願を我が身において信知することができる。我が身というものに弥陀の本願全部がかかる。我が身を通して広く、環境、一切の人がみな共感する世界。我が身を通さないで環境、一般環境を見れば自分自身になんの関係もないものでしょう。我が身をつかんで、それを通して環境、一般環境、共通の世界を見ると、自分に無関係と思っているけれど我に責任があって、そしてまた自分は自分としての特殊な意義をもっている。

共感というがただ共感でない。共感の中に不共の意義、共の中に不共の意義を知ることができる。共だから共でない。共感だからみな共通というわけにはいかん。共感というけれど共感の中に不共自受用《じじゅゆう》の意義を感得することができる。(『曽我量深集』上、一八二〜一八三頁)

あとがき

平成二十四年（二〇一二）四月八日早朝、釈尊ご降誕の日に小林光麿法友が往生の素懐を遂げられた。著書『歎異抄の真実―曽我量深に聴く親鸞の教え―』（法藏館）を発行し、永年蓄積してきた思索をまとめて次々と著作活動をしようと意欲に燃え、その念願の一つとしてこの『宿業と本願』をまとめていたのであるが、それを果たし得ずして逝去された。さぞ残念であったであろう。遺稿となった『宿業と本願』を遺弟の人たちが草稿を読み合わせ、発行する運びになったのである。

この本は、ほとんどが曽我量深先生の宿業と本願との関係について論述している文を選択抜粋したものであり、故人が簡単な解説を付しているが、後半にはそれが果たせずに未稿のままになっている。

しかし難解と思われるかもしれないが、曽我先生の宿業論、特に「宿業は本能なり」という独自とも言うべき思想を感得するには、曽我先生の原文を熟読することが大切である。宗教的純粋感情の発覚から展開する道理は、我われの理智ではなかなか感識出来ないであろう。熟読体読することが必要である。

故人は著書『韋提希の救い』（真宗大谷派岡崎教区坊守会、平成十九年）において、曽我先生に生涯師事する機縁になったのは、「如来我となる。如来我となるとは、法蔵菩薩の降誕なり」の領解であったと記している。その如来が我となるとの場所・よりどころこそ、如来の本願が法蔵菩薩の大願業力の用（はたらき）となり、わが宿業の機となり、機の深信の自覚となるのである。

ところで、宿業は親鸞聖人の言葉としては、宿業は『教行信証』はじめ自らの書にはない言葉であり、唯円が『歎異抄』第十三章の後序に故聖人（親鸞）の仰せとして出てくるのみである。しかし後序には、

聖人（親鸞）のつねの仰せには、「弥陀の五劫思惟の願をよくよく案ずれば、ひとへに親鸞一人がためなりけり。さればそくばくの業をもちける身にてありけるを、たすけんとおぼしめしたちける本願のかたじけなさよ」と御述懐候ひしことを、いままた案ずるに、善導の「自身はこれ現に罪悪生死の凡夫、曠劫よりこのかた、つねにしづみ、つねに流転して、出離の縁あることなき身としれ」といふ金言に、すこしもたがはせおはしまさず。さればかたじけなく、わが御身にひきかけて、われらが身の罪悪

のふかきほどをもしらず、如来の御恩のたかきことをもしらずして迷へるを、おもひしらせんがためにて候ひけり。（『浄土真宗聖典註釈版』八五三頁、本願寺出版部）と聖人の常のおおせとして唯円が語る「そくばくの業」の述懐の文に底知れない業の身である親鸞を助けんとの如来の本願を深い感情で述べておられる。曽我先生の詳細に述べる宿業論は、この親鸞聖人の金句にこそ本願と宿業の融合された信境が表現されていると感得しているのである。

しかも「宿業とは本能なり」と独自の宿業観を発覚しその感激を縷々と展開するのであるが、宿業という概念が暗いイメージに思われ、また個人的なものとしてしか捉えられていないのを、宿業は本能なりととらえることにより、宿業は迷いを転ずる力であり、三世十方に感応道交すると言うのである。この曽我先生の本能という道理には、人間の心の一番底に宗教本能というか純粋感情があり、迷いをひるがえしてさとりの眼を開くのである。本能は感応道交する与えられた力であり、本来的な能力であり、我われの内から湧き出てくる力である。いかに人間が理智・理性に惑わされて煩悩を起しても、その起したところの一切の無明・煩悩を契機として仏の徳を頂くのである。それは大慈大悲の弥陀の仏力が輝き、法蔵菩薩の大願業力として用《はたら》いているからである。本願とは人間の純真な生命が、人間が自己自身によって見いだすことが出来ず、如来によらねば発見され、確認されることのなかった人間の純真な生命である。

「五劫思惟の本願は親鸞一人のためなり」と聖人が自己一人のそくばくの業を助けんとする不共業の深い自覚に、一切衆生の救われる共業の世界が感応しておられるご述懐である。それだからこそこのお言葉がすべての人々に響感されるのであろう。

本能は感応道交するという曽我先生の言葉に、「我は如来の大願業力が此肉体の一毛孔にも充ち満てることを思ふ。闇にかゞやける宿業よ。我の肉体は是れ現在の法蔵菩薩である。法身説法の道場である。我は我が肉体を内観して、原始人、自然人、種族人、十方衆生を見る。此肉身に無始以来の祖先の言教がある。無始以来の生類の歴史は我の自然の言教である。祖先の内的経験は悉皆網羅して我の無意識の言教である」（『曽我量深選集』三―二一〇頁、大法輪閣）というのがある。曽我先生は宿業本能には、我われの祖先の原始信仰があり、原始信仰を新しい言葉でいえば、遺伝ということでもあり、原始信仰は遺伝に関係しているというが、心のみでなく身の問題であり、我われの心身の深いところに動いている本能に民族・祖先と人間ばかりでなく、動物・山川草木一切のものとも感応道交する集合的無意識があると言う。「自覚の根本になるものは、本能にかえるということである。そこにかえるとき、一切衆生悉有仏性ということがわかってくる」「一切衆生はみな仏性を具えておるということは、本能のところに如来はましますという意味なのでありましょう」と言うが、三世十方の宇宙の根源である大生命は一切衆生の本能的感覚の世界で感受されるのである。仏の本願はこの本能の中にある大生命であり、大原理であり、大精神であり、仏の本願は本能を貫き本能を超越している。曽我先生の原始人という語には、如来と我とが感じ応じる未だ分かれない機法未分、主客未分、能所未分等の原始の純粋感情が表現されている。正しくあらゆる存在の根源にある普遍的な生命力を言うのであろう。法蔵菩薩の本願は宗教的要求の総合的主体なのである。

小林法友の一周忌にあたり、共に曽我先生の教えを研鑽してきたものとして、今もなお彼此呼応して語らい合いながら謹んであとがきとします。最後に曽我先生の本願と宿業の融合一体化した文を結語とする。

大兄（暁烏）よ。理智を否定せんとするものは亦理智ではないか。大兄よ。否定を要する理智は先天的であり、否定する理智は後天的ではないであろうか。根本的無明、即ち根本的我執は我々の生と同時に忽然として念起せるものである。此は此れ真生命の後影である、法蔵菩薩は常に此後影をひいて限りなく進み行く。黒面の影法師は真生命の菩薩を執蔵すべく限なく真生命を逐ふて行く。大菩薩は決して此に執蔵せられない。彼は無碍の一道である。彼は安んじて此黒影を摂取し、此を同情し、同化して進んで行く。彼は永劫に不断に進み行く。善悪浄穢の現行の幻を念々に平等に一切を摂取し遍照して捨てない。まことに彼の流転はそのまゝに還滅であつた。彼は限りなく流転しつゝ、同時に限りなく還滅する。彼は限りなく現じ来る所の善悪の境に対して、「欲覚瞋覚害覚を起さず、欲想瞋想害想を生ぜず、色声香味触の法に著せず、忍力成就して衆苦を計らず、少欲知足にして染恚痴なし、三昧常寂にして智慧無碍なり、虚偽諂曲の心あることなし、和顔愛語にして意を先にして承問す、勇猛精進にして志願倦むことなし、よく清白の法を求めて、以て群生を恵利す、三宝を恭敬し、師長を奉事し、大荘厳を以て、衆行を具足し、諸の衆生をして功徳を成就せしむ」。まことに我執我見の黒影を摂蔵して、悉く此を同化して進み行き給ふ大菩薩の声を自覚したいと願ひます。彼は常に未来の世界から、我の前に立つて、而も、現在の妄我を呼び、現在の我の上に微に自己を表現して居られる。妄我と真我の境界線に立つて我は彼に直接する。

大兄よ。彼は単なる理想ではない。彼は超人格的汎神的存在でない。彼は我の肉体を親しく執受して、摂して自体と安危を共同す。彼は我の総報の果体である。彼は我の一切の行為の最後の責任者である。而して我々をして自由に善悪の行為を選択するの自由を与ふる根本的動力である。彼自ら煩悩を起さないが、しかし一切煩悩の動力

となる。彼には排他はない。彼は個々に就て責任なくして全責任を負ふ。（「未来の世界より」『曽我量深選集』三―一五〇頁）

合　掌

那須信孝　拝

小林光麿（こばやし　みつまろ）

1943（昭和18）年滋賀県近江八幡市に生まれる。1967年大谷大学大学院修士課程（社会学専攻）修了。その後、近江八幡市・真宗大谷派眞念寺住職。2012年４月８日没。
主な著書は、『曽我量深に聞く―韋提希の救い』（真宗大谷派岡崎教区坊守会、2007年）、『歎異抄の真実―曽我量深に聴く親鸞の教え―』（法藏館、2012年）のほか、『日本における、親鸞から曽我量深までの真宗の伝承』（韓国嶺南大学校）、『法蔵菩薩』（徳間書店）、「龍樹から七高僧を通して親鸞までの大乗仏教の伝承」（『現代と宗教』、韓国嶺南大学校）など。

曽我量深《そがりょうじん》の「宿業《しゅくごう》と本願《ほんがん》」
――宿業は本能なり――

二〇一三年四月一二日　初版第一刷発行

著　者　小林光麿
発行者　光本　稔
発　行　株式会社　方丈堂出版
京都市伏見区日野不動講町三八―二五
郵便番号　六〇一―一四二二
電話　〇七五―五七二―七五〇八
発　売　株式会社　オクターブ
京都市左京区一乗寺松原町三一―二
郵便番号　六〇六―八一五六
電話　〇七五―七〇八―七一六八

Printed in Japan

印刷・製本　株式会社　亜細亜印刷株式会社

ISBN978-4-89231-106-2 C1015
乱丁・落丁の場合はお取り替え致します